WILLIAM BACKUS

ADIÓS A LA ANSIEDAD

UN PLAN QUE PUEDE TRANSFORMAR TU VIDA PARA SIEMPRE

Para vivir la Palabra

Para vivir la Palabra

Publicado por:
Editorial Nivel Uno, Inc.
3838 Crestwood Circle
Weston, Fl 33331
www.editorialniveluno.com

©2016 Derechos reservados

ISBN: 978-1-941538-14-2

Desarrollo editorial: *Grupo Nivel Uno, Inc.*
Diseño interior: *Grupo Nivel Uno, Inc.*
Diseño interior: *Dogo creativo*

Printed in the United States of America
Impreso en Estados Unidos de América

16 17 18 19 20 21 22 VP 9 8 7 6 5 4 3 2 1

CONTENIDO

Dedicado a

A Jeff, Judi, Kevin y Mark

INTRODUCCIÓN

¿Quién no desea ayuda para superar la ansiedad? Al menos en alguna ocasión en la vida casi todo ser humano tomaría con gusto un potente ansiolítico (medicamento contra la ansiedad). A nadie le gusta sentir las manos sudorosas, la punzada en la boca del estómago (que algunos ingenuamente llaman «cosquilleo»), las rodillas temblorosas, la boca seca y el corazón acelerado, síntomas que con frecuencia acompañan la preocupación y la ansiedad. A nadie le gusta pasar la noche con insomnio, dando vueltas y vueltas, hasta que la almohada queda toda enroscada y la ropa de cama anudada y enredada.

Pero no hay droga capaz de librarnos totalmente de la ansiedad, ni sicoterapia que la pueda eliminar, ni religión alguna que la haga desvanecer como el rocío de la mañana. La ansiedad será siempre parte de la vida. Es parte de nuestra existencia como seres humanos, emplazados entre el tiempo y la eternidad, rodeados desde la cuna hasta la tumba con lo que una antigua plegaria describe como «tantos y tan grandes peligros».

¿Qué es lo que pretende ofrecer este libro si no hay nada que elimine la ansiedad de nuestras vidas?

La buena noticia acerca de la ansiedad no es que esta habrá desaparecido después de leer este libro. La buena noticia sobre la ansiedad es que hay una manera de manejarla por fe, sacar de ella el mejor provecho, disminuir su poder sobre nosotros y encontrar un camino para seguir adelante. Aun más, si está dispuesto a dejar de complicarse buscando una manera de liberarse totalmente de la ansiedad, si está decidido a dejar que su fe se active y a seguirla hasta enfrentar directamente aquello que lo atemoriza, puede descubrir cómo aliviar y reducir la ansiedad, y hasta cómo usarla para llegar a ser la persona que Dios quiere que sea.

El enfoque que le estoy planteando puede parecerle extraño y hasta cuestionable. En esencia, se trata de lo siguiente: En vez de escapar de la ansiedad avance directamente hacia ella. Aunque este concepto le parezca original, en realidad es muy antiguo. Además, es efectivo. Logra infundirnos valor, nos lleva a ejercer fe y es capaz de reducir (aunque no eliminar) la ansiedad de nuestra vida.

He incluido numerosos ejemplos de personas reales. Algunos son amigos y parientes, y en muchos casos no he hecho esfuerzo alguno por disimular su identidad. Pero en los casos en que he usado información proveniente de la práctica clínica he reunido y alterado los detalles para hacerlos irreconocibles, por la lógica conveniencia de asegurar la confidencialidad a mis pacientes. Sin embargo, los hechos reflejados son reales. No son imaginarios, ni son una simple expresión de anhelos. Son cosas que han sucedido, sólo que no es posible, a partir del relato, deducir a quién les han sucedido.

Forest Lake, Minnesota
10 de octubre de 1991

Capítulo 1

¿PADECECEMOS TODOS DE ANSIEDAD?

Leo y yo nos encontramos en la mesa del café durante un intervalo en el servicio de la iglesia. Como ocurre a menudo cuando la gente se entera de que soy sicólogo clínico, la conversación pronto giró en torno a los problemas corrientes de las personas, sus implicaciones sicológicas y espirituales. En seguida el joven estaba hablando conmigo acerca de sus preocupaciones.

«*Nunca* logro que mi salario alcance para pagar todas las cuentas», dijo Leo, «no quiero que Sandra salga a trabajar porque Jimena y Esteban la necesitan como mamá, de modo que tratamos de arreglarnos con lo que gano como gerente de una zapatería. Pero nunca alcanza».

Según Leo, cuando parece que va a llegar bien a fin de mes, aparece un imprevisto: Jimena necesita ir al dentista, Esteban necesita ropa para el invierno y a Sandra le brotan las alergias. Una visita al médico y las subsiguientes prescripciones de medicamentos pueden llevarse de un golpe cien dólares, entonces quedan otra vez ahogados en facturas sin pagar.

¿El resultado? Leo pierde el sueño por el resto del mes, preguntándose qué hacer hasta que llegue el próximo pago. Leo está, además, preocupado por el hecho de que se pone muy ansioso, cuando sabe que debiera estar confiando en Dios.

«Lo intento», me dijo, «pero por alguna razón termino de orar y a la media hora estoy otra vez luchando con la ansiedad, con esa sensación de que el piso se va a abrir debajo de mis pies. ¡Y sé que no debiera ser así!». Leo piensa que afligirse demuestra que no es la clase de cristiano que debiera ser y entonces se siente miserable. Cuando se pone ansioso, se siente mal por no confiar en Dios. Quiere romper el círculo vicioso y alcanzar esa paz de la que habla la Biblia, «que sobrepasa todo entendimiento» (Filipenses 4.6-7).

Leo me estaba pidiendo ayuda. Pero yo no tenía más habilidad que la suya para administrar dinero. De hecho, podía recordar mis primeros años de matrimonio, con el presupuesto estrecho, comprando ropa a crédito y con una dieta permanente de hamburguesas. En vez de darle consejos financieros, intenté hacerle algunas sugerencias respecto a cómo reducir su ansiedad.

No ocurre lo mismo con todas las personas

Leo no es la excepción. Todos experimentamos ansiedad en algún grado. Por cierto, la ansiedad es una condición mental que acecha tras gran parte de nuestra actividad. Condiciona nuestra vida relacional de muchas maneras. A menudo nos restringe y pone límites a lo que Dios puede hacer a través de nosotros.

Por supuesto, no toda la gente se pone ansiosa en la misma medida ni por las mismas razones. En algunos, la ansiedad puede ser leve y pueden ignorarla. En otros, resulta tan intensa que prácticamente se paralizan y dejan de funcionar. Algunas personas ansiosas pueden parecer controladas y cabales, mientras que otras aparentan que no pueden ocultar su nerviosismo.

Imaginemos a tres personas que atraviesan la misma estrechez financiera que Leo. La primera puede ser de aquellas que «evaden». Aunque siente una oleada de pánico cuando toma conciencia de un nuevo ahogo financiero, sencillamente se sienta a mirar televisión inclusive tarde en la noche, evitando todo el asunto, hasta que empieza a recibir intimidaciones de sus acreedores.

La segunda persona en esa situación quizás paga de inmediato sus deudas y llega a reducir su nivel de vida para responder a los compromisos. Pero, a la vez, se siente miserable, vive en la estrechez, envidioso de los que tienen cosas que él no puede tener y resentido hacia Dios. También está constantemente temerosa de no poder enfrentar las necesidades en el futuro.

La tercera persona llega a paralizarse emocionalmente. No logra hacer adaptaciones en su presupuesto, ni buscar un nuevo trabajo, ni hacer nada para resolver sus problemas. Siente que cualquier cosa que haga podría transformar el peligro latente en una desgracia total. De modo que «congela» su vida paralizado por el temor de las cosas horribles que quizás sucedan, como consecuencia de sus dificultades financieras.

Por supuesto, las finanzas son sólo *una* fuente potencial de ansiedad. La mayoría de las personas siente también algo de ansiedad cuando tiene que hablar o hacer algo en público. También podemos sentirnos ansiosos respecto a nuestra salud física.

Recuerdo, por ejemplo, una hermosísima mañana al final de la primavera. Me levanté a las cinco. El cielo hacia el oeste estaba todavía oscuro y el horizonte al este apenas empezaba a clarear. Listo para un día precioso salí de inmediato, me incliné para encender la bomba y retirar la capa de nieve derretida sobre la piscina.

De pronto sentí que algo caliente me brotaba de la nariz y gotas rojas salpicaron sobre el cemento. ¿Yo... sangrando? Nunca me había pasado, al menos no podía recordarlo. No me preocupé, pero me sentí perplejo.

Volví a la casa, me senté y esperé que dejara de sangrar. ¡No debía demorar más de unos minutos! Pero el tiempo seguía pasando y seguía sangrando.

Siete horas más tarde, después de haber pasado por dos salas de emergencia hospitalaria, le pregunté un poco en broma al especialista que me examinaba si era posible morirse porque sangrara la nariz. Frunció las cejas, dijo que sí y con instrumentos especiales examinó una arteria sangrante al fondo de mi fosa nasal izquierda. Luego cauterizó ese vaso sanguíneo.

Por fin dejé de sangrar. Había perdido una cantidad respetable de sangre y durante varias semanas apenas podía moverme sin sentirme exhausto.

Una noche, alrededor de dos semanas después, me desperté a las dos de la mañana. ¿Era un sueño o estaba realmente sintiendo algo tibio y mojado que salía otra vez de mi fosa nasal izquierda? ¡No podía ser que volviera a sangrar! ¿Dónde iba a conseguir auxilio a esa hora de la madrugada?

Contra toda esperanza y, aunque esa técnica había fallado antes, oprimí con fuerza las fosas nasales y las sostuve así durante quince minutos. Luego, con cierta aprehensión, quité la mano. Había dejado de sangrar.

Pero ahora tenía miedo de moverme. ¿Volvería a empezar? ¿Sangraría otra vez durante siete horas? ¿Cuánta hemoglobina adicional estaba en condiciones de perder? Todavía no me había recuperado de los efectos debilitantes de la hemorragia anterior ¿y venía otra?

Al fin, moviéndome con cautela, me escurrí nuevamente a la cama. ¿Era prudente que moviera la cabeza? ¿No corría el riesgo de romper una arteria? ¿Podía girar en la cama? Mejor no.

Empezaba a sentirme ansioso. Lo sentía en todo el cuerpo. Los músculos estaban tensos, el corazón golpeaba con fuerza, no lograba cerrar los ojos. Mi respiración era agitada. No me moví en toda la noche. Pasó largo rato hasta que el pánico cedió gradualmente y caí dormido.

Tipos de ansiedad

Las personas no sólo difieren por la forma en que reaccionan a la preocupación y la ansiedad, sino que también experimentan diferentes tipos de ansiedad, que los afectan de distintas maneras. El primer tipo de ansiedad es aquel que parece «venir de la nada». De pronto la persona se ciega: El temor lo sobrecoge repentinamente y sin previo aviso.

«Estaba sentado en el auditorio de la escuela observando la presentación de mi hija», me dijo un nuevo paciente en su primera consulta. «¡Todo sucedió repentinamente! Sentí que me estaba muriendo. No podía respirar, mi corazón galopaba. Me sentía mareado, acalorado, débil».

Este hombre pensó que se trataba de los comienzos de un ataque cardíaco. Se recostó, mientras su esposa llamaba a los médicos. Los profesionales hicieron todos los estudios, pero concluyeron que era «sólo ansiedad».

Mi paciente no tenía la menor idea de lo que le estaba sucediendo y menos aun de cuál podía ser la causa de su «terremoto» interno. De modo que esa ola repentina de ansiedad rápidamente generó una segunda de miedo: el temor al temor mismo. Muchas personas como él, que han pasado por un episodio así, terminan distorsionando toda su vida y procurando anticipar los próximos ataques.

Hay un segundo tipo de ansiedad, que es quizás aún más corriente que el primero. Las personas viven este tipo de ansiedad como una vaga sensación crónica de temor, un leve toque de incomodidad en el *plexo solar* (centro neurovegetativo periférico). Muchos llegan a acostumbrarse a esa molestia y con el tiempo terminan ignorando los pensamientos e imágenes atemorizantes que acechan al borde de la conciencia.

Un tercer tipo de ansiedad es el de aquellas personas que se sienten bien la mayor parte del tiempo. Logran mantener con cierta facilidad el estado de bienestar, porque lo que les causa temor es algo bien circunscrito y de lo cual pueden mantenerse alejados. Por ejemplo, si se descomponen a la vista de sangre, pueden casi siempre evitar mirar una persona que sangra. No van nunca a ver películas violentas y pasan de largo si ven un accidente. Hasta tienen la opción de cerrar los ojos o volver la cabeza, para evitar ver sangre.

Un cuarto tipo de ansiedad es el que invade totalmente la vida de algunas personas. Crece y se multiplica al punto de que llegan a sentir temor de casi todo. No salen de la casa ni para hacer compras, ni al médico, ni siquiera para visitar a su mejor amigo.

Queda un tipo más de ansiedad, que aqueja a esas personas que se sienten plagadas de imágenes recurrentes o «voces internas» que anuncian desgracias, lo que algunos sicólogos han llamado *monólogo interior negativo*. Su miseria está provocada por un constante monólogo mental que les advierte lo que *podría* ocurrir y quizás les indica las precauciones que debieran tomar, para evitar las catástrofes que parecen acechar a cada paso. «¿Y si se me pega una persona aburrida durante la fiesta y no me puedo liberar?», piensan. «Sería mejor que no vaya a esa reunión».

Llega a hacérseles natural predecir resultados trágicos. «¿Y si este dolor que siento en el costado fuera cáncer?». «El jefe me hizo callar cuando intenté hacer una sugerencia. Quizás no le gusta el trabajo que hago. ¿Y si me echan?». Como dice un viejo dicho: «Se inventan los problemas».

¿Qué es lo que pone ansiosa a la gente?

A veces no sabemos por qué estamos nerviosos. El estado de nerviosismo parece surgir sin razón aparente. Pero en otras ocasiones sabemos exactamente de qué estamos temerosos cuando nos sentimos ansiosos. Quizás tengamos que enfrentar un examen, por ejemplo, o un recorte en el salario. La lista de las cosas que pueden atemorizarnos y generar ansiedad parece ser interminable.

He aquí una breve enumeración de las cosas por las cuales la gente comúnmente se preocupa. Tal vez haya sentido temor de algunas de estas en cierta ocasión:

- el desacuerdo, la desaprobación o la censura de otra persona
- no ser amado
- una evaluación
- heridas y enfermedades físicas
- actuar en público
- morirse
- sentir dolor, angustia, molestias
- perder el control
- las amenazas a la salud o a la felicidad de un niño
- los cambios, lo desconocido

En algunas personas los siguientes hechos pueden producir pánico repentino:

- quedar encerrado en una pieza pequeña
- tener que hablar con extraños
- montar a caballo
- mirar hacia abajo desde un balcón
- decirle a alguien que está molesto con él o ella
- usar un baño público

- estar solo en una habitación a oscuras
- estar en una habitación con un perro (aunque sea cachorro)
- viajar en avión

Hay quienes se ven afectados por una ansiedad crónica que los inmoviliza y que interfiere su vida en mayor o menor medida. Algunas personas sienten temor de situaciones o posibilidades como las siguientes:

- el fracaso
- la intimidad
- franquearse, expresarse ante otros
- los cambios en cualquier terreno: trabajo, vivienda, amigos, rutina
- la pobreza
- la relación sexual
- los gérmenes en cualquier cosa
- el juicio de Dios

Estas listas son sólo una muestra, para darnos idea, de lo común que puede ser la ansiedad en nuestras vidas.

Después de todo, ¿qué es la ansiedad?

A veces la gente confunde el estrés que padecen con enojo o depresión, cuando en realidad lo que tienen es ansiedad. No la reconocen como tal, porque no entienden bien de qué se trata exactamente. ¿Qué es la ansiedad?

La ansiedad es el temor a que podamos ser heridos, sufrir, tener pérdidas, incomodidades, peligros, inconvenientes u otras situaciones que no consideramos «buenas». En el fondo, muchos piensan que es el temor a la muerte, miedo a que nos maten, nos hagan desaparecer, a evaporarnos y dejar de existir.

El Dr. Hans Selye, gran investigador del campo de la fisiología, pasó su vida estudiando los efectos del estrés. Su descripción de las cuatro reacciones físicas ante una amenaza, lo que él llamó «el síndrome de luchar o huir», puede ayudarnos a entender la naturaleza de la ansiedad.[1]

Según Selye, cuando el cerebro percibe un peligro, envía una señal eléctrica a una glándula llamada hipotálamo, que actúa como una llave que conecta la mente con el funcionamiento corporal. Esta glándula libera una sustancia química para alertar a la glándula pituitaria. En ese momento se libera en la sangre la hormona adrenalina.

Esta potente sustancia química estimula las glándulas suprarrenales, que segregan cortisona, epinefrina, norepinefrina y todo un conglomerado de sustancias químicas que causan efectos perceptibles: El esófago se pone tenso, nos agitamos, entramos en taquicardia, el estómago interrumpe sus funciones digestivas para desviar sangre a los músculos y todo nuestro sistema vascular se contrae, a fin de que no perdamos demasiada sangre en caso de una herida. De esta forma, el cuerpo se prepara para responder al peligro, ya sea luchando o huyendo.

Cuando reaccionamos de esta manera ante el estrés, nuestro cuerpo, saludable y armónico, está pidiendo acción o resolución. Pero si el objeto de temor es algo de lo que no podemos huir, ni a lo cual podemos presentar batalla y no sabemos qué otra cosa hacer, quizás sencillamente entremos en un estado de «ansiedad».

Esta incomodidad puede ser difícil de precisar, pero el perfil típico de la ansiedad incluye una serie de rasgos característicos. Sentimos que algo no está bien, está fallando o hay peligro. Tenemos una sensación de peligro, como si pudiéramos ser atacados, castigados o heridos de alguna forma. Nos sentimos completamente tensos, atrapados, pero no atinamos a pensar qué hacer.

Quizás estemos excesivamente alertas, concentrados en las emociones amenazantes y nos resulte difícil enfocarnos en nuestras tareas o pensamientos. Nos falta el aire, como si no pudiéramos inhalar lo suficiente. Sencillamente, no logramos sentirnos bien. Nos gustaría poder relajarnos.

Descubrimos que estamos como a la expectativa de los problemas. Nos enfermamos con facilidad. En algunos tipos de ansiedad, nuestros pensamientos se concentran en la incomodidad o en la tragedia que podría ocurrir, mientras que en otros pensamos acerca de las terribles consecuencias desastrosas que podrían llegar a producirse. Nos preguntamos dónde se habrá escondido Dios. Nos resulta difícil orar y aun pensar en su Palabra.

¿De dónde viene la ansiedad?

¿De dónde viene nuestra ansiedad? ¿Aprendimos de otra persona a preocuparnos así? ¿Nacimos tensos y nerviosos? ¿Es a causa de nuestra dieta? ¿Cómo fue que llegamos a tener tanto miedo del rechazo de otra gente, de morir, de los microbios, de la tierra, del fracaso? La respuesta a estas preguntas no es simple. La ansiedad responde a una gran variedad de causas y en la mayoría de nosotros puede sumarse más de una, en la compleja interacción que genera problemas.

Nacer ansioso. Por supuesto que nadie *nace nervioso*. Pero cada vez hay más evidencia de que algunas personas nacen con la *tendencia* a reaccionar más sensiblemente que otras. Es decir, a entrar más fácilmente en el síndrome de «luchar o huir». Es probable que esas personas estén más propensas a sentirse mal, a lo largo de la vida, que las que reaccionan con menos sensibilidad. Esas personas tienden más fácilmente a volverse ansiosas que otras que no tienen esas características congénitas.

Esto no significa, por cierto, que nuestros genes nos fuerzan a sufrir estados de ansiedad aguda. Aun si nacemos con estas tendencias, podemos aprender a manejar las situaciones para no quedar, por el resto de nuestras vidas, paralizados por el temor.

Incredulidad radical. Otra causa de temor es nuestra propia manera de pensar, nuestro monólogo interior. Si nunca antes ha prestado atención a su *monólogo interior,* es hora de que lo detecte. Simplemente, deje de leer por un momento y preste atención a los pensamientos que alberga su mente.

¿Qué descubrió en sus pensamientos? Quizás su mente estaba evaluando el asunto mismo del monólogo interior: «Me pregunto si tengo realmente un monólogo interno como el que el autor describe», o bien: «Sí, a menudo he notado que mi mente mantiene un hilo continuo de pensamiento».

¿Sabía que las nociones, percepciones, juicios y opiniones que refleja ese monólogo, tienen efecto directo sobre sus emociones y comportamiento? ¿Sabía que aquello que nos decimos en ese monólogo interior puede ser la causa más importante de nuestras actuales preocupaciones y ansiedades?

¿Cómo puede ser eso? Esto sucede cuando llegamos a convencernos de ciertas nociones erróneas. A dichas nociones las llamo *falsas creencias*, porque son *convicciones incorrectas*, falacias o errores. Cuando se examinan a la luz de la verdad, no pueden sostenerse. Considere, por ejemplo, estas tres falsas creencias que a menudo subyacen a una ansiedad permanente:

1. No puedo esperar que Dios me proteja porque no he sido lo suficientemente bueno con Él.
2. No podría sobrevivir al hecho de que, mientras esté dando una conferencia, la gente se muestre aburrida.
3. No puedo pedirle a Sandra que vaya a la iglesia conmigo. Quizás piense que soy demasiado religioso y lograría dejar de gustarle.

Estos ejemplos y muchas otras nociones similares, repiquetean en nuestra mente todo el tiempo, desde que aprendemos a hablar.

Las falsas creencias se adquieren de varias maneras. Podemos aprenderlas escuchando cuando otros las repiten o imitando las actitudes que vemos en otros. Aun podemos formulárnoslas usando nuestros recursos creativos para llegar a conclusiones erradas. Pero su última fuente es el padre de mentira, el diablo. Al igual que él, esas falsas creencias pueden ser muy destructivas.

No importa cómo se adquieran esas falsas creencias, generan y acrecientan nuestras irracionales ansiedades cotidianas, temores y preocupaciones. Debemos aprender a descubrirlas y reemplazarlas por la verdad, si queremos atacar de frente las ansiedades que nos angustian y debilitan.

Los efectos de la ansiedad

Algunas personas han sido llevadas a creer que es terrible sentirse ansioso alguna vez. Conciben que van a morir o perder el juicio si tienen otro ataque de pánico, o que seguramente van a tener un ataque cardíaco si se permiten sentir estrés o tensión.

Sin embargo, la verdad es que todas las personas experimentan ansiedad. Seguramente no vamos a caernos muertos a causa de la ansiedad, ni nos va a producir una severa enfermedad mental crónica. La ansiedad, el estrés, las tensiones, son normales y una persona sana puede manejar niveles aún más graves de tensión producidos por la ansiedad. De hecho, una existencia sin ansiedad es una vida sin desafíos. ¡Nos sentiríamos mortalmente aburridos!

Por otro lado, el estrés y la tensión, vinculados a la ansiedad, pueden enfermarnos si no los manejamos en forma adecuada. Pueden también agravar otras dolencias físicas. Algunos tipos de hipertensión, jaquecas, dolores musculares y problemas estomacales, pueden estar relacionados con la tensión no aliviada.

Además de los efectos físicos de la ansiedad, también hay otros de orden espiritual, emocional y sicológico. Muchas personas los sufren sin tomar conciencia de que su problema radica en no saber lidiar con la ansiedad, cualquiera que sea su tipo.

La consecuencia más extendida

La más extendida de las consecuencias de la ansiedad es una que tendemos a pasar por alto. Sin embargo, puede ser la más importante. Lo que es más, esta consecuencia la podemos modificar si lo decidimos, con el beneficio de que lograremos llegar a controlar la ansiedad. Se trata de aquello que los sicólogos llaman *evasión*.

Por lo general, la ansiedad nos conduce a evitar cualquier cosa que nos haga sentir esas incómodas sensaciones o a pensar esas cosas preocupantes que nos tornan ansiosos. Por ejemplo, si nos aterroriza la sola idea de dar una conferencia, es probable que intentemos evitar situaciones en que tengamos que hablar frente a un auditorio. Si nos preocupa quedarnos cortos de dinero, es probable que procuremos evitar pensar en nuestra precaria situación financiera o que escatimemos cada centavo para no correr el riesgo de la quiebra. Si la perspectiva de fallarle a Dios nos atemoriza, quizás evitemos dar ese paso de compromiso para obedecerle y servir a otros.

Un hecho significativo respecto a la evasión, en el contexto de nuestro análisis, es la premisa sicológicamente cierta de que la evasión es contraproducente. En lugar de ser de ayuda en una situación, perpetúa o empeora la ansiedad. Como muchas otras facetas de nuestro comportamiento, tiene el efecto de reforzar la conducta que la genera.

La ansiedad es un fenómeno humano

En el capítulo dos consideraremos más de cerca este asunto de la evasión y aprenderemos cómo podemos encaminarnos de manera significativa a superar la ansiedad, encarando el problema con los recursos de nuestra fe cristiana. Pero, antes de cerrar este primer capítulo, permítame echar una mirada a dos preguntas inquietantes que muchos se estarán planteando.

1. *¿Significa mi ansiedad que no soy un buen cristiano?*

Por desdicha, algunos creyentes tienen la impresión de que cualquier cristiano que se valorice, no debe sentir nunca temor ni cobardía. Se comparan sin misericordia con los mártires, inmolados como antorchas vivientes en los jardines del palacio de Nerón o quizás con Daniel, que marchó sin vacilar a la fosa de los leones. «En cambio aquí estoy yo», piensan, «a punto de sucumbir de ansiedad por la sola idea de tener que leer un pasaje bíblico frente a la clase de escuela dominical».

Si tendemos a pensar de esa manera, debemos preguntarnos cuán ansiosos o temerosos pueden haberse sentido aquellos héroes. Sí, es cierto que su conducta desafiaba el peligro, pero más de un héroe ha admitido que todo el tiempo, mientras actuaba con audacia, el corazón se le desmoronaba de temor y ansiedad. Jesús mismo sudó gotas de sangre ante la perspectiva de la cruz.

Por eso, nuestra ansiedad, aun la realmente intensa, no es prueba de que seamos cristianos mediocres. Sólo prueba que somos humanos.

2. *¿Significa la ansiedad que soy un bebé en el sentido emocional o espiritual?*

En absoluto. La ansiedad, incluso la irracional, no significa que seamos espiritual o emocionalmente inmaduros. Es cierto que el espíritu que Dios nos ha dado es de valor (véase 2 Timoteo 1.7), pero todavía nos queda un largo camino para llegar a ejercer la libertad que Él nos ha dado de la vieja naturaleza, a la que hemos muerto en Cristo. Lo que tenemos que hacer es ejercitarnos en no oír a la carne, hasta que se nos haga un hábito.

La carne, en cooperación con Satanás, intenta constantemente reducirnos a un montón de lágrimas y temblores. Pero podemos aprender a contradecirla, hasta que dejemos totalmente de dar lugar a sus impulsos y deseos. Mientras tanto, no es anormal ni extraño que experimentemos algunas de las influencias de la carne, incluyendo la ansiedad extrema.

Siempre que Jesús pedía a alguien que ejerciera la fe, le ordenaba que hiciera algo, no que se quedara sentado pensando en cosas lindas. Leo, al que me referí al comienzo del capítulo, reconoció que debía dar un paso. Consultó un asesor financiero que lo ayudó a reorganizar su enfoque ante las presiones económicas. Cuando dio un paso concreto, el nivel de ansiedad disminuyó.

A medida que avancemos en la lectura, usted también aprenderá a entender mejor su propia ansiedad. Reconocerá de qué manera le afecta física, mental, emocional y sobre todo espiritualmente. Aprenderá a ubicar y precisar los pensamientos inconscientes que se desbordan en su mente, que generan esas emociones y conductas inquietantes y ansiosas. Aprenderá también a reemplazar esos pensamientos y creencias que producen sufrimiento, por hechos ciertos y sólidos, basados en las palabras reconfortantes de Dios, que nos conducen a la vida de paz que Jesús nos ha prometido.

La verdad acerca de la ansiedad es que, para poder superarla, hay que actuar. De modo que, en vez de regañarse por las preocupaciones que lo inundan o la ansiedad que lo angustia, cambie de actitud y decídase a actuar. Permítame mostrarle cómo puede aplicar la fe a sus temores hasta que los haga retroceder.

En el próximo capítulo empezaremos a examinar uno de los problemas más comunes. En realidad, es una de las raíces de la ansiedad: *La evasión.*

Capítulo 2

El verdadero culpable: La evasión

Es impresionante la cantidad de recursos que los seres humanos hemos llegado a elaborar para controlar la ansiedad. He encontrado personas que intentan aplacarla escuchando música a todo volumen o drogándose. Otros procuran tranquilizarse respirando en bolsas de papel o leyendo frases optimistas con la mayor sinceridad posible. Algunos llevan tranquilizantes que en realidad nunca llegan a ingerir. Otros prueban leyendo libros que los ayuden. Aquellos que quieran leer encontrarán muchos. Un rápido inventario, de uno de mis estantes, resultó contener *ocho* ejemplares sobre la ansiedad. Quizás usted también haya leído algunos de ellos.

Leonor, una de mis pacientes, había leído y tratado de aplicar las sugerencias de varios de esos libros. «Desde que mi esposo y yo construimos nuestra casa», me dijo, «he sentido esta horrible punzada en la boca del estómago. He tenido problemas para dormir y he perdido peso. No logro liberarme de estas sensaciones. ¿Qué es lo que anda mal?».

Leonor pensaba que quizás si conseguía un trabajo y salía más de la casa, la situación mejoraría. Pero no resultó así.

Más adelante probó con la religión. Habló con un pastor, tomó los cursos de esa denominación y se incorporó a la iglesia. El pastor pensó que sería de ayuda que ella aprendiera más acerca de Dios, por lo que algunos amigos de la iglesia oraron por ella. Pero las cosas no cambiaron mucho.

Leonor, incluso, había probado visitar por una semana a varios parientes que vivían en otros sitios, porque una persona amiga le había dicho que le haría bien alejarse de sus problemas. «Pero no fue así», dijo. «Ahora nos preguntamos si deberíamos vender nuestra casa nueva. Siento deseos de renunciar».

Leonor probó también varias píldoras tranquilizantes. Pero, pese a lo que se esforzara por aliviar su ansiedad, sufría un constante estado de leve amenaza, que se incrementaba cuando estaba en la casa, especialmente si estaba sola.

Muchas personas, igual que Leonor, han incursionado en una variedad de mecanismos para enfrentar las preocupaciones, el nerviosismo y la ansiedad. Muchos intentan una cosa tras otra, con muy pocos resultados. Lo que a menudo empleamos, esperando contra toda lógica obtener algún beneficio, son mecanismos que los sicólogos califican como técnicas de evasión.

Lo característico de la evasión es que funciona… por un tiempo. Pero a la larga, lo que realmente hace es perpetuar y aun incrementar nuestros temores. De modo que sería conveniente que analizáramos algunos de esos «remedios» de la evasión, para que veamos por qué fallan y por qué la evasión, que parece tan promisoria en un primer momento, casi siempre termina defraudándonos.

Nuestra táctica favorita

«No quiero ver a nadie de la iglesia. No quiero hablar con nadie. ¡Quiero estar lejos de todos!». Carlos estalló en lágrimas mientras me decía que buscaba evitar todo contacto con los miembros de su comunidad eclesiástica.

Le sugerí que quizás estaba en condiciones de hacer al menos un primer intento. Pero insistió: «Es demasiado duro. No creo que pueda volver. No puedo soportar que me hagan preguntas que no sé cómo responder. ¡No quiero que me empiecen a preguntar cómo estoy o si me siento mejor! Por otro lado, ¿qué puedo decirles? ¡Sé que me desaprobarán si les digo que todavía no estoy completamente bien!».

Cuatro meses atrás, Carlos había sufrido lo que calificó como un «colapso nervioso», después de haber estallado en ira, de una forma inusual, durante una discusión en la clase bíblica. Posterior a eso, había preferido quedarse en su casa en lugar de asistir a los servicios y reuniones de la iglesia. Algunas personas de la congregación trataron de hablar con él, pero se negó a atenderlos. Aunque aceptó la visita ocasional de algunos amigos muy cercanos, se las arregló para que otros cubrieran sus responsabilidades en la iglesia y se aisló casi por completo de todos en la congregación.

Peor aún, Carlos había empezado a evitar a asistir a comercios, estacionamientos, cines, restaurantes y otros lugares públicos, por temor a encontrarse con alguien de la iglesia. Su ansiedad era ya como un alud de nieve. Decía que no podía enfrentarse a otros miembros de la congregación por temor a lo que pensaran de su incapacidad para recuperar, de forma inmediata y plena, la comunión. Según Carlos, las reglas no escritas de su comunidad parecían estipular que cada vez que alguien preguntara: «¿Cómo está?», había que decir: «¡Me siento maravillosamente bien, alabado sea el Señor!».

Era comprensible que su nivel de tranquilidad aumentara al evitar los contactos con cualquier situación que pudiera producirle incomodidad o molestia, y quedarse seguro y encerrado en el refugio de su sala de estar. Pero al optar irreflexivamente por una comodidad fácil, era obvio también que se estaba creando un problema crónico. Si no enfrentaba las situaciones que estaba evitando, aunque fuesen difíciles e intranquilizantes, se transformaría en un ermitaño.

Aún más grave era un efecto que Carlos no estaba en condiciones de identificar: Su sentido de valía personal se estaba deteriorando lenta pero constantemente. A pesar del alivio que lograba evitando situaciones perturbadoras, se daba cuenta de que no hacía lo que en realidad debía y en la medida que creciera esta noción dentro de él, pronto se convencería de que era un bobo, un perdedor, un cobarde, demasiado débil para enfrentar situaciones que otros parecían encarar sin aprensión alguna.

La automarginación de Carlos, como la mayoría de las estrategias a las que recurrimos para aliviar el sufrimiento de la ansiedad, era debido a la evasión. La estrategia evasiva, al aparecer como una alternativa natural, es común entre aquellos que, como Carlos, están luchando contra la ansiedad. Intuitivamente esperamos que funcione. «Si tan solo evito todo el asunto», razonamos, «la tensión y la preocupación van a desaparecer». No todas las conductas evasivas son tan extremas como la de Carlos. Observe algunas otras formas clásicas que asume la evasión:

- A Dolores, su nueva vecina le parece una persona muy agradable y divertida. Algunas veces han tomado café juntas y están planeando salir de compras y llevar los niños al parque. Pero ayer, la nueva amiga salió de pronto diciendo que piensa que los que asisten a la iglesia son los peores hipócritas. Ahora Dolores siente que no puede decirle a Graciela que ella es cristiana, por temor a perder su amistad. Dolores empieza a recurrir a la evasión como un recurso para no padecer el sentimiento de inseguridad y ansiedad provocado por aquello que Graciela desaprueba.
- José sabía que debía hablar sobre asuntos sexuales con su hijo de trece años. Pero, cada vez que pensaba en ello, sentía que se ponía tenso y se le trababa la lengua, de modo que lo dejaba pasar. A causa de estas evasiones paternas, las escuelas públicas terminan incorporando el tema en el currículo académico.
- Alicia estaba harta y cansada de intentar limpiar la casa lo suficiente como para que su madre no encontrara polvo sobre el televisor o telas de araña en el cielorraso de la sala. Pero cada vez que intentaba decirle a su madre cómo se sentía, el cosquilleo en el estómago le hacía abandonar el intento. De modo que seguía sonriendo y evitando hacer lo que la ponía ansiosa. Pero el rencor iba creciendo en ella.

La lista de lugares y actividades que la gente evita puede ser interminable. De hecho, casi cualquier cosa puede llegar a ser objeto de temor y en consecuencia de evasión.

Debemos señalar que la ansiedad y la evasión no son los únicos problemas de la gente que llega al tratamiento clínico. Esos dos fenómenos parecen ocurrir en la vida de toda persona. De modo, que para entender mejor esta técnica evasiva, debemos considerar más cuidadosamente algunas categorías de cosas que la gente tiende a evitar: situaciones, personas, tareas difíciles, pensamientos sobre la muerte, emociones negativas y obligaciones.

Las situaciones

Cuando estamos ansiosos a veces evitamos *situaciones*. Uno de mis pacientes, Daniel, descubrió que estaba tan ansioso que se sentía tremendamente incómodo en los servicios de la iglesia. De modo que «resolvía» el problema quedándose en la casa.

Cada domingo la familia se vestía y asistía al servicio de adoración, *sin* papá. Aunque Daniel lograba de esa forma cierto control sobre la tensión, los niños se sentían confundidos y resentidos. ¿Por qué, se preguntaban, si asistir a la casa de Dios era bueno para *ellos*, no lo era para *papá?*

Poco a poco se fue levantando una barrera dentro de la familia. Los hijos, cuando llegaron a la adolescencia, se rebelaron en contra de las debilidades de Daniel. Se apartaron de su formación religiosa inicial y experimentaron con las drogas y el sexo. Al final, sus padres no tenían cómo hablar con sus hijos sin recibir de ellos el efecto de una rebelión acumulada.

La esposa de Daniel descargó las culpas sobre él. A medida que se incrementaba la ira, en contra de su esposo, la relación se fue deteriorando. De manera invisible, intangible, pero muy concreta, las grietas en la familia fueron lentamente aislando al padre de su esposa e hijos, hasta producir una total destrucción.

La evasión de Daniel le pudo haber ayudado a no sentir algunas emociones molestas. Pero a la larga, como suele suceder, dañaron a otros y la relación familiar quedó severamente afectada.

Las encuestas muestran que una de las cosas que más teme la gente es hablar en público, aun más que a las serpientes, las alturas, los problemas financieros y hasta la muerte. Por ejemplo, 85% de la población estadounidense dice que se siente ansiosa y nerviosa respecto a tener que hablar en público. La mayor parte de las personas evita hacerlo si es posible. Muchas de esas personas se sienten como atadas a cualquier situación en la que se vean obligadas a comunicarse con otros, aun en circunstancias en que tienen que dialogar con una sola persona. Por lo tanto, intentan evitar comunicarse, porque eso los pone ansiosos.[1]

El Dr. Charles Spielberger, profesor de la Universidad del Sur de la Florida, ha investigado el fenómeno de la ansiedad en los estudiantes universitarios. Sus investigaciones han puesto de manifiesto que los estudiantes que se sienten muy ansiosos cuando tienen que enfrentar exámenes, a menudo obtienen notas más bajas y a veces fracasan, aun los que son notoriamente inteligentes. Las calificaciones no se relacionan directamente con la ansiedad, sino con el hecho de que los estudiantes que se tornan ansiosos ante los exámenes, evitan estudiar, porque cualquier contacto con el material vinculado a las pruebas genera en ellos incómodas sensaciones de intranquilidad. En consecuencia, evitan la molestia eludiendo los libros de estudio.[2]

Hace poco, una mujer me dijo que estaba evitando cualquier tratamiento por su falta de fertilidad. «¿Y si falla?», se preguntaba. «¿Acaso no pierdo así mi última esperanza de concebir un hijo?». Mientras no pruebe el tratamiento, puedo mantener la esperanza, sentir que todavía tengo una probabilidad».

Para mantener viva la esperanza, esa mujer evitaba justamente la asistencia médica que podría haberla ayudado a alcanzar su preciado anhelo. Estaba, por cierto, pagando un alto precio por la superficial e inadecuada «tranquilidad» que obtenía con su actitud. Muchos otros, como ella, evitan buscar la ayuda que requieren sus problemas porque les produce ansiedad. Temen que falle la ayuda potencial, con lo que se quedarían sin el «último recurso» y en la total desesperanza.

Si habitualmente evitamos situaciones que nos ponen ansiosos, deberíamos considerar con toda franqueza las consecuencias de nuestro hábito: ¡Cuando evadimos los problemas, los perpetuamos!

¿Nos asusta tanto preparar una comida para agasajar a otros que nunca devolvemos el cumplido de una invitación? ¿Nos atemoriza tanto disentir con otras personas que evitamos a toda costa hacerlo y nos sometemos al abuso de los caprichos de otros?

¿Nos preocupamos tanto por cuestiones de dinero que no arriesgamos jamás una inversión por temor a salir perdiendo? ¿Evitamos los más mínimos riesgos, como el hombre en la parábola que narró Jesús (véase Mateo 25.14-30), al punto de que al llegar la jubilación con lo único que podemos contar es con una ínfima pensión? Evitar algunas situaciones dolorosas puede disminuir, de forma temporal, nuestras sensaciones de ansiedad, pero puede provocar otras consecuencias que, a la larga, cobran un alto precio por el escaso beneficio que hayamos obtenido a cambio.

Las personas

La ansiedad y la tensión generadas por determinadas personas pueden ser tan perturbadoras que optamos por evitarlas. Los que *evaden a las personas* a menudo se sienten tan inquietos por la tensión que les produce estar cerca de aquellos que los han ofendido, que hacen todo lo posible por mantenerse lejos de ellos. Algunos cruzan la calle para evitar el encuentro con un conocido, simplemente porque esos contactos los ponen ansiosos. Otros tiemblan con sólo pensar que podrían encontrarse con alguien que los desaprueba o que está enojado con ellos, y hacen lo imposible por evitar un encuentro.

Otros, de los que evaden a las personas, se perturban cuando están con gente conversadora, extrovertida, simpática y se retraen a los rincones, lejos de los grupos que rodean a los que son «el centro de la fiesta». Algunos evitan a los que están de duelo, temerosos de decir algo que no debiera. Otros evitan a los incapacitados, por temor a hacer algo que pudiera molestarlos.

Quizás esa actitud, de evadir a los demás, garantice un alivio ocasional. ¡Pero qué pobre beneficio temporal el que se obtiene! ¿No nos recriminamos por ser tan debiluchos, cobardes ni nos despreciamos por el hecho de temer a otros? ¿No hemos provocado que nos eviten porque los hemos hecho sentir que aun sin conocerlos no nos agradan? ¿Hemos enfrentado la dura realidad de que nuestra soledad es el resultado directo de haber elegido unos instantes de alivio de la ansiedad, a cambio de haber perdido la oportunidad de cultivar relaciones significativas con los amigos?

Las tareas difíciles

Otro patrón frecuente de evasión es evitar las *tareas* difíciles, poco gratificantes o dolorosas, en ocasiones usando a una persona como sustituta o intermediaria. Quizás nos digamos: «¡Cuanto más pueda evitar las tareas desagradables, agotadoras o difíciles, tanto más feliz me voy a sentir!». Pero esa es la conclusión a la que llegaría un niño incapaz de percibir las consecuencias a largo plazo.

Por ejemplo, una tarea que nos puede aterrar es la de enfrentar la hostilidad de nuestro hijo adolescente. Por eso, manipulamos a nuestro cónyuge para que vaya al frente, se haga cargo de la tarea desagradable y absorba todo el disgusto que con tanta «astucia» estamos logrando evitar. Obtendremos alivio de la ansiedad que implica hablar con nuestro hijo, pero eso sólo tiene valor a corto plazo. A la larga, estamos deteriorando, al menos, dos relaciones significativas: Nuestro cónyuge y nuestro hijo sienten, en algún nivel, que estamos escondiendo la cabeza en la arena y eludiendo nuestra responsabilidad en un asunto importante.

A veces encontramos difícil hacer llamadas telefónicas para pedir información o hacer reservaciones. No es que no lo podamos hacer o que el temor al teléfono nos reduzca a una masa de gelatina temblorosa, pero por alguna razón nos sentimos incómodos haciéndolo, quizás por algún leve nivel de ansiedad respecto a encarar tareas de esa índole.

Cuando hay que hacer llamadas, insinuamos que estamos roncos. O quizás insistimos que tenemos algo urgente que hacer en ese momento, de manera que nuestro amigo o cónyuge, al final, se ofrece a hacer la llamada. Si tenemos una secretaria, simplemente le transferimos la tarea.

En estos casos, el alivio a corto plazo puede parecernos dulce. Pero, a la larga, estamos usando a otra persona para hacer algo que nos resulta desagradable. Debemos mirar en perspectiva y percibir el daño que hacemos a nuestras relaciones en el trabajo, el hogar, la recreación, la iglesia, en nuestras amistades, cuando «pasamos la pelota» en lo que no nos gusta hacer.

No nos engañemos. El hecho de que las personas estén dispuestas a hacerlo, no significa que no hayan notado nuestra conducta evasiva ni que no les disguste.

Los pensamientos acerca de la muerte

El Dr. Ernest Becker, en el libro que le valió el premio Pulitzer, *The Denial of Death*,[3] argumenta que buena parte de nuestra actividad cotidiana tiene por objeto ayudarnos a olvidar que vamos a morir. Según Becker, los seres humanos han diseñado una infinita cantidad de mecanismos para evitar *pensamientos sobre su propia mortalidad*. El resultado es que tendemos a llenar nuestros días con diversiones, actividades sin sentido y charlas intrascendentes.

La muerte, no es amenazante, genera una ansiedad tan insoportable que nos defendemos a capa y espada de que tales pensamientos entren en nuestra mente. Detallar las consecuencias de esa negación requirió todo un libro de Becker. En particular, deberíamos notar que casi nadie en nuestra cultura toma tiempo a fin de prepararse para la muerte. En consecuencia, la mayor parte de nosotros pasa por una de las experiencias personales más significativas sin estar ni siquiera preparado para ella.

Las emociones negativas

En muchos casos, mecanismos sicológicos defensivos como la negación, la represión y la proyección (quizás otros también), constituyen actos evasivos que implementamos para evitar considerar con franqueza nuestras propias emociones, porque tememos que nos desborden. Por ejemplo, un joven, llamado Hugo, vino a verme porque había desarrollado la habilidad de evitar una emoción muy común: la ira. Me dijo que no recordaba haberse enojado desde que se convirtió al cristianismo, doce años antes de la consulta. Se había integrado a una congregación donde no se admitía el enojo y donde la expresión de ira no se perdonaba. Además, había crecido en un hogar donde la cólera nunca afloraba a la superficie, excepto cuando su padre estallaba en algún excepcional pero muy destructivo y aterrador acceso de furia.

Mientras explorábamos lo que parecía ser una incapacidad casi paralizante para manejar la ansiedad, Hugo describió una situación tras otra en la que otros habían pasado por alto sus necesidades, habían fallado a sus expectativas o habían hecho cosas que lo perjudicaban. Cuando le pregunté en qué manera cada uno de esos incidentes lo había afectado, me respondió que se sentía «dolido». Lo animé a describir las situaciones, sus propios pensamientos y sus emociones.

Al hacerlo, su tono de voz se volvió cada vez más exasperado, estridente e irritado. Aunque Hugo negaba estar enojado, a cualquier observador le hubiera resultado obvio que sí lo estaba. Poco a poco, Hugo se permitió enfrentar el hecho de que su ansiedad era consecuencia de la forma en que el temor le hacía reaccionar a su propio sentimiento de enojo.

¿Por qué negaba Hugo su ira? ¿Por qué hay tantas personas que no reconocen que están enojados? Lo hacen porque quieren evitar esta emoción tan amenazante. Hugo se atemorizaba ante su propia ira, porque sentir enojo significaba, en su contexto, que era un creyente fracasado y mediocre.

Sin tomar conciencia de sus razonamientos, había creído y se había convencido a sí mismo de que: «No debo enojarme. La ira es peligrosa para mí y para los demás. Además, es malo estar enojado. De modo que no debo enfadarme en absoluto. A lo sumo puedo sentirme dolido, frustrado o herido». No cabe duda de que Hugo obtenía cierto consuelo pasajero por el hecho de considerarse manso, moderado, paciente, controlado. Pero las consecuencias de su represión le habían provocado dolorosos conflictos emocionales.

Las emociones que evitamos no se evaporan por la sencilla razón de que no nos gusten, o porque no queramos sentirlas, o porque pensemos que son malas. Aunque nos pasen inadvertidas, continúan presentes y pueden empeorar, provocando problemas emocionales e incluso físicos.

Las obligaciones

Los mecanismos de evasión pueden robarnos el gozo y la paz, porque muchas de las situaciones y actividades que evitamos (en favor de la tranquilidad) fueron traídas a nuestra vida por Dios mismo, con un propósito preciso. Es decir que *evitamos justamente las cosas que debiéramos hacer*. Abundan los ejemplos de esta actitud.

«Sé que debería hacerlo», nos quejamos, «pero parece que nunca me decido». Cuando nos negamos a hacer lo que deberíamos, con frecuencia se debe a la ansiedad que nos provoca. Puede no ser una ansiedad generalizada. Hasta un toquecito de nerviosismo es suficiente para paralizar a quienes creen que no debieran sufrir *ninguna* incomodidad en la vida. Nos sentimos ansiosos e inseguros respecto de nosotros mismos o con relación al resultado de algo que vamos a emprender y entonces evitamos la actividad que sabemos que deberíamos llevar a cabo. Hasta llegamos a evitar algo que realmente *deseamos* hacer, porque no estamos dispuestos a soportar la intranquilidad y ansiedad que eso implica.

El director de un destacado centro de capacitación de misioneros me dijo en una ocasión que este mecanismo de evasión es uno de los mayores obstáculos que impide a la gente salir a servir a Dios en el campo misionero. «Aun cuando saben que Dios los está llamando y que tienen la preparación para cumplir con la tarea», observó, «dudan y evitan los compromisos por temor: a no casarse, a enfermarse, a ser secuestrados, a experimentar rechazo. Pero sobre todas las cosas, miedo a lo desconocido».

Algunas personas evitan orar porque les produce ansiedad pensar que su oración pudiera no recibir respuesta. «Tenía miedo de imponer las manos a mi amigo y orar por su sanidad», me confesó mi amigo Roberto. «Temía que no sucediera nada. ¿Acaso no quedaría en ridículo?».

Otro ejemplo es nuestra resistencia a obedecer el mandamiento de Dios a reconciliarnos los unos con los otros. Nos mantenemos enemistados con nuestros amigos o miembros de nuestra familia, porque la sola idea de acercarnos a otra persona y pedirle la reconciliación, genera ansiedad en nuestro interior. La vulnerabilidad nos asusta. ¿Y si nos rechazan? ¿Y si el otro responde que no quiere restablecer la relación? No podemos soportar esa posibilidad, de manera que evitamos buscar el acuerdo aun con aquellos que son significativos en nuestras vidas.

Algunas personas se ponen tan ansiosas respecto a los formularios impositivos que evitan llenarlos hasta la medianoche del plazo final (15 de abril). Otros evitan los funerales porque se sienten incómodos al hablar con los deudos. Evitamos asistir a clases y grupos en la iglesia por temor a tener que decir algo en público y evitamos a las personas que tienen problemas, porque pensamos que no sabremos cómo ayudarlas. En realidad, son *esas* las situaciones que no deberíamos evadir, porque casi todo lo que Dios se propone que seamos y hagamos en la vida, nos lleva precisamente a esos lugares, a esas personas y a esas actividades que la ansiedad nos empuja a evitar.

Cada vez que nos las arreglamos para escapar de algún «deber» atemorizante, ganamos un poco de alivio (y a veces mucho) de la angustia que nos aqueja. Pero cuando insistimos en hacer caso al temor y evitar lo correcto, también cosechamos abundante disgusto con nosotros mismos. Nos vemos como cobardes, desobedientes o fracasados. Además, aparece el inevitable sentimiento de culpa que generan los pecados de omisión (como los han rotulado los teólogos). Esta culpa, este sentimiento de incapacidad, además de generar su propia carga de sensaciones angustiantes, tiene el poder de dañarnos espiritual y sicológicamente a lo largo del tiempo, mucho más de lo que nos imaginamos, cuando nos conformamos con una pizca de alivio temporal de la ansiedad.

El recurso de la manipulación

Además de los efectos negativos en nuestro propio bienestar emocional y espiritual, la evasión puede dañar nuestra relación con otras personas. La mayor tentación en este terreno es la *manipulación*. Cuando manipulamos a otros, a menudo lo hacemos para evadir aquellas situaciones que nos producen ansiedad.

Gabriel, uno de mis pacientes, nunca se decidía a visitar a su tía abuela, que vivía a pocos kilómetros, aunque sabía que debía hacerlo. No sabía de qué hablar con ella, siempre se sentía inseguro. Nunca había considerado su actitud como ansiedad, pero en definitiva era eso: La idea de pasar unas horas con su anciana tía lo ponía ansioso.

Su esposa, Carla, al fin dejó de recordarle su obligación y empezó ella misma a llamar periódicamente por teléfono a la solitaria señora. Aunque Gabriel sabía que había manipulado a Carla por su propia actitud evasiva y, aunque se sentía avergonzado de su propio fracaso en llevar a cabo su responsabilidad con su parentela, dejó que Carla empezara a ocuparse de visitar a la tía. Pero el alivio provisorio de la ansiedad, nunca compensó el efecto perjudicial que produjo en la autoimagen de Gabriel esa borrosa sensación de que era un pusilánime.

Otra de mis pacientes, Ada, no podía ir a ninguna parte, ni siquiera a hacer las compras, si no lo hacía con Pablo, su esposo. «Me pongo nerviosa, ansiosa, no lo puedo soportar», les decía a todos. En consecuencia, Pablo se dejó manipular, al punto de estar disponible para Ada las veinticuatro horas del día.

Él volvía del trabajo y la llevaba a hacer las compras, al salón de belleza, al consultorio del médico. Ada nunca hubiera reclamado tanta atención y servicios personales si hubiera estado emocionalmente sana. Pero su neurosis de ansiedad y su hábito de evadir, le conferían un enorme poder para manipular a un esposo complaciente.

El resultado fue trágico. Ada evitó la desagradable ansiedad y obtuvo el control sobre su esposo. Pero también logró que en Pablo fuera sembrándose el resentimiento. Comprobó que su propia autoestima y competencia se estaban derrumbando, aunque no llegaba a vincular este problema con el de su conducta de manipulación.

Una estudiante que vino a consultarme, a raíz de la ansiedad que le producían los exámenes, me dijo: «Durante toda la secundaria me irritaba cada mañana al tener que salir hacia la escuela. A veces me sentía tan mal que mi madre permitía que me quedara en casa. Más tarde empecé a sentir náuseas, a veces al punto de vomitar, cada vez que tenía que enfrentar una situación en la que no me sentía totalmente segura de mí misma». Esa joven estaba manipulando a su madre para evadir una situación que le generaba ansiedad. Finalmente, se desarrolló una autoimagen negativa, de total fracaso.

Manipular a otros puede tornarse una destreza altamente desarrollada y afinada. Aquellos que han llegado a dominar este arte pueden hacerlo con tanta eficiencia, que las personas manipuladas ni siquiera se dan cuenta de lo que está sucediendo. No obstante, todos los involucrados pagan un alto precio por el deterioro de las relaciones y la pérdida de autoestima.

La evasión, el problema central

Ya deberíamos tener claro el concepto: El aspecto menos analizado y reconocido del síndrome de ansiedad es el problema de la evasión. Es la estrategia que subyace a la mayoría de las tácticas que empleamos para liberarnos de la molestia que nos produce el sentirnos ansiosos. Es importante que comprendamos claramente esta realidad. En los próximos capítulos veremos que es nuestra *evasión* la que produce la mayoría de los problemas vinculados a la ansiedad y no los sentimientos negativos que la acompañan.

No cabe duda que quienes sufren de ansiedad se quejan básicamente de las sensaciones de incomodidad y molestia que a veces llegan a ser muy fuertes. Por lo general creen que esas emociones son el peor componente de su problema y casi todos los libros sobre la ansiedad poseen ese punto de vista. En consecuencia, los intentos de ayuda habitualmente se dirigen a aliviar la molestia.

Sin embargo, ese enfoque provoca que se pierda de vista de qué manera la evasión genera problemas mayores. De hecho, la evasión promueve e incrementa *la ansiedad misma*. Muchísimas personas pasan por alto este hecho, que es precisamente lo que les daría la posibilidad de alcanzar liberación.

Por tanto, nuestro enfoque para superar la ansiedad empieza por considerar el comportamiento evasivo en nuestra propia vida y tomar conciencia de algunas de las dificultades que lo ha producido. «¿Qué es lo que estoy evitando y de qué manera lo evito?». Esta pregunta, lejos de ser un planteamiento secundario, es el problema central que debemos atender cuando estamos tratando de sanar desórdenes producidos por la ansiedad. Por supuesto, pocos de nosotros aceptamos con gusto la noticia de que, en realidad, aquellas cosas que hacemos para encontrar alivio podrían estar causando y complicando nuestros temores y preocupaciones. Pero esa es la verdad.

Aun así, no tenemos que conformarnos pasivamente a vivir con el dolor y la intranquilidad. ¡En absoluto! De hecho, enfrentar y eliminar la evasión, que tanto nos perjudica, es sólo el primer paso para superar la ansiedad. Una vez que la encaramos frontalmente en lugar de esquivarla, la libertad está muy próxima.

En el próximo capítulo vamos a analizar cómo iniciar este proceso.

Capítulo 3

EL CLÁSICO DOBLE NUDO

—Si tan solo… pero, ¿para qué suspirar por lo imposible? —dijo José, un paciente que padecía ansiedad generalizada.

—«¿Si tan solo qué? —le pregunté. José tenía la tendencia a sumergirse en un torbellino de preocupaciones y obsesiones.

—Bueno, estaba justo pensando que si tan solo tuviera suficiente fe, no me preocuparía tanto. ¡Estar ansioso y preocupado es lo mismo que ser incrédulo! Después de todo, a veces me pregunto si realmente creo en Dios.

Había escuchado antes esa expresión en otras personas. Esto casi siempre sólo los lleva a una mayor desesperación. Los cristianos que luchan con la ansiedad tienden a reprocharse por su incredulidad, con lo que no hacen sino agregarse motivos de preocupación.

Después de todo, razonamos, ¿no debiera nuestra fe cristiana darnos paz en lugar de ansiedad? ¿No enseñó Jesús que no debíamos estar ansiosos? (Véase Mateo 6.25-33.) ¿No les dijo el apóstol Pablo a los creyentes que no estuvieran ansiosos por nada? (Filipenses 4.6-7).

Sin embargo, cuando nos condenamos de esta forma, habitualmente nuestra situación no mejora en absoluto. Nuestra ansiedad más bien aumenta, porque caemos en un clásico doble nudo: Nos preocupamos, no sólo por nuestros problemas, sino también por nuestra aparente falta de fe, manifestada en el hecho de preocuparnos por esos problemas. Es una espiral que sólo puede llevarnos a un estado miserable.

No hay condenación sino esperanza

La única manera de escapar de este dilema es darnos cuenta de cómo responde el corazón de Dios a los que están ansiosos. ¿Es una ley lo que Dios dice acerca de la ansiedad? ¿Se desprende de ella una sentencia divina que condena a los cristianos ansiosos? ¿Son esas palabras de Jesús y de su gran apóstol, una manera de reprimirnos? ¿Es la ansiedad una prueba de que nos falta fe, de que somos creyentes fracasados y que ya no hay esperanza para nosotros?

¡Nada de eso! Por el contrario, las palabras de Jesús y de Pablo son buenas nuevas para los ansiosos, *no* malas noticias. Ofrecen una esperanza y un camino de salida, no condenación. Considere además estos pasajes que nos muestran el corazón de Dios:

> *En quien [Cristo] tenemos seguridad y acceso con confianza por medio de la fe en él (Efesios 3.12). Echando toda vuestra ansiedad sobre él, porque él tiene cuidado de vosotros (1 Pedro 5.7). La paz os dejo, mi paz os doy [...] No se turbe vuestro corazón, ni tenga miedo (Juan 14.27). Bueno es Jehová para con todos, y sus misericordias sobre todas sus obras [...] Sostiene Jehová a todos los que caen, y levanta a los oprimidos (Salmos 145.9, 14). Porque no nos ha dado Dios espíritu de cobardía, sino de poder, de amor y de dominio propio (2 Timoteo 1.7).*

Estas y muchas otras promesas nos muestran que el deseo de Dios no es cargarnos más aún de ansiedad o condenarnos por nuestras preocupaciones. En lugar de eso alienta nuestra esperanza con el conocimiento de que Él cuida de nosotros, está con nosotros y Él mismo nos va a levantar de nuestra postración.

La esperanza que tenemos es esta: *Hay* una manera de mejorar nuestro estado. No *tenemos* que seguir sintiéndonos miserables y ansiosos. Nuestra fe puede suplir la solución a nuestro problema de ansiedad, porque la *verdadera* fe es el comienzo del fin de la ansiedad.

¿Qué es la fe y qué es lo que hace?

¿Qué es exactamente la fe y qué tiene que ver con sanar nuestra ansiedad? Si bien la fe tiene un origen sobrenatural, porque es el Espíritu Santo el que la hace nacer en el corazón humano por medio de la Palabra de Dios, sin embargo, también tiene una faceta sicológica. Es la mente humana la que lleva a cabo el acto de creer.

La fe es lo opuesto a la *incredulidad*. Una fe sana, plenamente formada y correcta, es lo opuesto a una *falsa creencia* —esta es una creencia incorrecta.[1] Por tanto, la fe cristiana significa *creer en la verdad*.

A menudo los cristianos piensan que la ansiedad es un problema que tiene que ver con la incredulidad. Pero en realidad es más frecuente que sea el resultado de una *falsa* creencia. No es lo que *no* creemos, sino lo que creemos *erróneamente* lo que subyace en gran parte de nuestras preocupaciones.

Algunas de nuestras nociones más comunes acerca de la fe, no son correctas. Por ejemplo, un maestro agnóstico desafiaba de manera sistemática a los estudiantes cristianos insistiendo que si en realidad creían lo que declaraban creer sobre la omnipotencia de Dios, deberían creer que Él podría hacer una piedra tan grande que no pudiese moverla. Su desafío era absurdo, porque tener fe no es obligarnos a creer en lo ilógico, en lo contradictorio o en lo imposible.

Otro ejemplo lo da mi paciente, Ruth, que oraba pidiendo a Dios que le diera fe para amar lo suficiente a su amante, como para que no se sintiera insegura en su relación adúltera con él. Pero tener fe no es la habilidad de creer que Dios va a hacer cualquier cosa que le pidamos, *sin tomar en cuenta* su voluntad revelada.

La fe no es una expresión de coraje temerario, jactancioso y fanfarrón. No es presunción. No es gastar irreflexivamente el dinero que no tenemos por cosas que se nos antojan, aduciendo que «confiamos en que Dios» va a suplir nuestras necesidades. No se trata de exponernos descuidadamente a alguna temible enfermedad venérea, declarando férreamente que Dios nos va a proteger. Tampoco la fe es dejar el trabajo y sentarnos a esperar que Dios nos dé el sustento. Recuerde que Jesús mismo se negó a convertir la fe en un juego de apuestas (véase Mateo 4.5-7).

Conocimiento, aceptación y confianza

Una definición clásica de la fe la describe como *conocimiento, aceptación (o acuerdo)* y *confianza*, donde el énfasis está en la *confianza*.[2] Si analizamos esta definición, nos dice que en primer lugar debemos *conocer* algunos hechos: Lo que Dios dice acerca de sí mismo, quién es Jesucristo, qué ha hecho por nosotros, qué podemos esperar que Dios haga por honor a Cristo, quiénes somos nosotros en y por medio de Jesucristo.

Pero captar intelectualmente estas y otras verdades, no es suficiente. Debemos darles nuestra *aceptación*, consentimiento, afirmando que son ciertas y diciéndolo con suficiente sinceridad como para dejar de creer en nuestras falsas creencias. Nuestro monólogo interior debe integrarse con verdades, no con falsas creencias.

Aun así, no basta con nuestro acuerdo para que haya verdadera fe. Después de conocer los hechos y darles nuestro asentimiento es crucial que *confiemos* en Jesucristo nuestro Salvador y en Dios nuestro Padre. Normalmente necesitamos tener en alguna medida los dos primeros elementos, para poder arribar a una verdadera actitud de confianza. Necesitamos *saber* algo acerca de Jesús y llegar a la conclusión de que eso que sabemos de Él es correcto o *verdadero*, antes de que podamos depositar nuestra *confianza* en Él.

Esto no significa que Dios nunca ha dado fe a personas que tienen muy poco conocimiento. Por ejemplo, el hombre ciego, en Juan 9, estaba listo para creer lo que Jesús tuviera que decirle, aunque evidentemente no sabía mucho acerca de quién era Jesús. No cabe duda de que la *confianza* es el elemento crucial de la fe. La medida de nuestro conocimiento y aceptación puede ser mínima y, no obstante, generar una fe salvadora.

Pero el conocimiento, aunque fuera pequeño, es el comienzo de la fe, porque no podemos confiar o creer lo que no sabemos.

Más aun, la Biblia y la investigación sicológica acerca de cómo opera nuestro pensamiento, concuerdan en que si sabemos y aceptamos de manera genuina lo que Dios dice que Él es, y que Jesús es Dios mismo haciendo realidad las promesas del Padre, entonces podremos confiar en Él. De modo que si lo que tenemos es falta de *confianza*, probablemente se deba a carencias de conocimiento o de asentimiento a alguna verdad significativa acerca de Dios o acerca de nosotros mismos. Es muy posible que no nos estemos diciendo la verdad pertinente para esa crucial situación, cuando eso es lo que necesitaríamos hacer.

Qué es la confianza

El asunto clave, entonces, es la confianza. Muchas personas piensan que la confianza es una sustancia como la sangre, que en alguna medida circula dentro de nuestro sistema. Creen que tener esa sustancia en cantidades abundantes es lo que realmente cuenta y que sólo hay dos alternativas: tener mucha o no tenerla.

Pero la confianza no es una sustancia ubicada dentro de nosotros. En realidad está vinculada a la *acción*. Confiar es tomar un curso de acción basados en algo en lo cual creemos. Confiar que la canoa no va a volcarse en el río, hace que nos subamos a ella y demos un paseo. Confiar en un banco puede significar que vayamos a la ventanilla del cajero, le entreguemos los ahorros de toda la vida y salgamos caminando. Confiar en nuestro cirujano significa subir a la camilla de cirugía y poner nuestra vida en sus manos.

Por otro lado, si usted no viaja en el auto cuando conduce su sobrino adolescente, significa que no cree en su capacidad para conducir, no importa cuánto *diga* que confía en él. Nuestra fe se manifiesta en nuestro comportamiento.

El pastor y teólogo alemán Dietrich Bonhoeffer señaló que cuando Jesús llamaba a las personas a ser sus discípulos, los instaba primero a realizar una acción:

Una vez que llega el llamamiento, lo que sigue de inmediato es una acción de obediencia, no una confesión de fe [...] no hay otro camino a la fe ni al discipulado, sino la obediencia al llamamiento de Jesús.[3]

Esta verdad se ilustra con mucha claridad en la reacción de Levi (Mateo) y de los pescadores Pedro, Santiago y Juan. Levi, el cobrador de impuestos, inició su fe con una acción: «Y al pasar, vio a Levi hijo de Alfeo, sentado al banco de los tributos públicos, y le dijo: Sígueme. Y levantándose, le siguió» (Marcos 2.14). A Pedro, Santiago y Juan, lo primero que les dijo fue que dejaran el negocio de la pesca y le siguieran (véase Lucas 5.1-11).

Cuando Jesús le dijo a Pedro que caminara sobre el agua hacia donde Él estaba, no le dio antes un curso condensado de Física acerca de las leyes de gravedad y su funcionamiento en el agua. Al contrario, le ordenó venir y Pedro arriesgó su vida al saltar del barco. El primer paso que Jesús le indicó al joven rico no fue asistir a un curso de confirmación, sino vender todo lo que tenía y darlo a los pobres. Sólo entonces podía seguir a Cristo.

No cabe duda que los discípulos experimentaron ansiedad y temor. «¿Y mi negocio, mis ingresos, mis inversiones, mi futuro, mi vida?». Pero en cada caso, la fe los llevaba a realizar *una acción de obediencia.*

Observe también que en todas las ocasiones, la acción que Jesús les pedía que hicieran implicaba un desafío y consistía en un rechazo a la estrategia de la *evasión.* Si optaban por hacer un rodeo, su actitud evasiva al llamado del Señor los hubiera llevado a atender *primero* sus negocios, averiguar *primero* cómo flotar en caso de ahogarse, asegurar las inversiones *primero.* Sin embargo, obedecieron al Señor. La acción misma y el curso subsiguiente de los hechos pusieron fin a la ansiedad.

Entonces, la fe verdadera, la que puede *curar* porque es expresión de una confianza basada en el conocimiento y la aceptación de la verdad, consiste en una *acción* acorde con esa verdad. Si no se demuestra en hechos, insistió el apóstol Santiago, la fe está muerta (véase Santiago 2). Si confiamos en Jesús, podemos creer en Él cuando nos dice que es bueno para nosotros hacer algo, aun si nos parece desagradable, doloroso y hasta contraproducente desde nuestro punto de vista.

Tener fe incluye saber y decirme a mí mismo, que todo estará bien si cumplo la voluntad de Dios. De modo que queda claro que la fe incluye mucho más que nociones acerca de la existencia de Dios. Incluye también nuestra obediencia a su voluntad, hasta donde nosotros la conocemos. En fe llevo a cabo la voluntad de Dios haciendo lo que es correcto.

Una fe viva, laboriosa y activa

Martín Lutero aprendió que la fe inevitablemente impulsa acciones responsables:

> La fe [...] es una operación divina dentro de nosotros [...] ¡Ah!, qué viva, laboriosa, activa, poderosa, es la fe. Es imposible que no nos lleve a hacer constantemente buenas obras. No pregunta si hay alguna buena obra qué hacer, sino que aun antes de que la pregunta surja, ya la ha realizado y siempre las está realizando. El que no las hace no es un hombre de fe [...] aunque hable y hable con muchas palabras, acerca de la fe y las buenas obras.[4]

De manera que la fe auténtica incluye la obediencia, el *hacer nuestra obligación* y nunca se conforma con meras actividades mentales.

A la luz de esa realidad podemos volver a la pregunta que planteaba mi paciente, José. El hecho de que estemos preocupados y ansiosos, ¿significa que no somos verdaderos cristianos? ¡No! Paradójicamente, la ansiedad existe en forma conjunta con la fe en el mismo creyente en Cristo. La ansiedad de José no prueba que no fuera cristiano, de la misma forma que una mancha en una manzana no significa que el resto de esta no se pueda comer.

Jesús dijo: «El espíritu a la verdad está dispuesto, pero la carne es débil» (Mateo 26.41). El apóstol Pablo también habló acerca de la lucha en los creyentes, entre obedecer y resistir la voluntad de Dios (véase Romanos 7.25). Los cristianos tienen tanto la carne como el espíritu, lo pecaminoso y lo justo, compitiendo por controlar sus pensamientos y su conducta.

La naturaleza espiritual, que es la parte renovada en el nuevo nacimiento, con toda seguridad va a producir las creencias auténticas que corresponden a la fe y la vida. Pero la vieja naturaleza trata de arrastrar a la persona renovada hacia las viejas falsas creencias, produciendo desesperanza, incredulidad, desesperación y pecado. Muchos de nosotros seguimos cultivando sus mentiras, optamos por la evasión en lugar de la obediencia. En consecuencia, la carne genera y mantiene la ansiedad y la preocupación en nosotros. Si nos rendimos a sus seducciones, terminamos repitiendo sus mentiras.

La ansiedad no es en sí misma un rechazo al llamado que Jesús nos hace a la obediencia; es un producto de la *desobediencia*. De modo que debemos apuntar, no a la ansiedad, sino a la conducta de *evasión* que nos lleva a eludir la obligación a la que nos llama Jesucristo. Por tanto, en la medida en que superemos la evasión vemos que nuestra ansiedad se reduce, debido a que la evasión mantiene robusta a la ansiedad.

La evasión: base del poder que ejerce la ansiedad

Hortensia tenía miedo de volar en avión, un temor tan paralizante que le impedía visitar a sus nietos, que eran su mayor delicia. Se decía que el avión seguramente iba a tener un accidente y que si eso ocurría, ella iba a morir. Sólo de pensar en volar la llenaba de temor.

He aquí el mecanismo: La ansiedad resulta de creer y decirnos falsedades que son lo opuesto a la fe o a las creencias correctas. Hay dos falsas creencias básicas que dan curso a la ansiedad.

La primera es creer que *es muy probable que algo salga mal,* cuando todas las probabilidades indican que lo más factible es que salga bien. La segunda es creer *que si las cosas resultan mal, el daño será total e irreversible,* cuando en realidad lo cierto es que podemos recuperarnos de los peores desastres y seguir adelante, en alabanza a Dios. Como lo expresó un sicólogo, las falsas creencias que generan ansiedad incluyen *la sobrees-timación de las probabilidades de un suceso perjudicial y la sobreestimación del daño de ese suceso.*

En otras palabras, la ansiedad resulta de decirme a mí mismo que Dios no me va a proteger y que no puedo confiar en que Él puede cambiar el mal en bien. Hortensia, mi paciente, se decía a sí misma que los accidentes aéreos eran mucho más probables de lo que en realidad son. Lo cierto es que son menos frecuentes que los accidentes automovilísticos. Además, se estaba diciendo que sería terrible morir, aunque no tenía mucha evidencia al respecto. De hecho, morir repentinamente en un accidente de avión podría ser una de las formas más fáciles de cumplir lo que todos tenemos que pasar en algún momento y puesto que la muerte es lo que lleva a los creyentes a la presencia de Dios, no se entiende cómo podría tratarse de una tragedia, como la *consideraba* Hortensia.

En síntesis, Hortensia estaba ansiosa porque *sobreestimaba la probabi-lidad de una tragedia aérea y sobreestimaba el daño que significaría para ella estar en ese accidente y morirse.*

Una buena pregunta para hacerse es en qué medida se parece usted a Hortensia. Por ejemplo, si se dice que no podría soportar perder el trabajo, está sobreestimando la tragedia de ser despedido. Por supuesto, quizás sería bastante malo, pero lo podría tolerar como mucha gente ha logrado hacerlo. Esto es cierto respecto a otras posibilidades perjudiciales que tendemos a sobreestimar: la pérdida de la salud, las crisis financieras, los problemas con nuestros hijos.

Hay distintas maneras en que tendemos a sobreestimar la probabi-lidad de que ocurra un suceso dañino. Por ejemplo, tal vez usted nunca asiste a una clase bíblica por temor a verse obligado a leer en voz alta, cometer un error y que los demás piensen que es un estúpido. Al pensar de esta forma está apostando a un hecho que en realidad tiene escasas probabilidades. La realidad es lo opuesto: Es probable que muchas perso-nas ni siquiera se darán cuenta del error, pero la mayoría de los que sí lo advirtieran no se tomarían la molestia de evaluar su cociente intelectual. Estarían demasiado ocupados preparándose para leer ellos mismos cuan-do les toque el turno.

Además de sobreestimar la posibilidad de que ocurra algo negativo, sobreestimamos la intensidad del daño. En el caso de la clase bíblica, usted se dice no sólo que las personas van a pensar que es un tonto, sino que sería terrible e intolerable que al menos una persona pensara así de usted. Ambas ideas son falsas creencias. Aun cuando alguien pensara que es estúpido y aunque esa no sea la opinión que más desearía que tengan de usted, aun así, no es probable que esa opinión le haga demasiado daño. ¿Por qué tendría que ser tan terrible que alguien erróneamente subestimara su materia gris?

Observe que en esta situación, como en todos los casos de ansiedad, nos estamos diciendo que Dios no nos va a proteger de una calamidad segura o de que si ocurre, no va a resultar en un bien supremo. En la base de nuestros problemas de ansiedad hay una falsa creencia. Pero la otra fuente que nos causa tantos problemas de comportamiento es la que hemos analizado antes: la evasión.

De qué manera intensifica la evasión a la ansiedad

Un hecho muy importante respecto a la ansiedad, que no debemos pasar por alto, es que tanto esta como la fe no tienen únicamente que ver con lo que tenemos en la cabeza. La ansiedad también involucra el comportamiento, lo mismo que la fe. En el caso de la ansiedad, la conducta concomitante es la evasión. Esto ocurre porque la ansiedad, lo mismo que la fe, involucra cierto condicionamiento de las experiencias pasadas.

Muchos de nosotros hemos aprendido acerca del condicionamiento de la conducta en nuestras clases de sicología elemental. Hemos leído acerca de los diversos experimentos que se realizan y hemos visto que los sucesos traumáticos pueden hacer que cualquier estímulo asociado con aquel suceso provoque temor o ansiedad, mucho después que el evento traumático tuvo lugar.

Por esa razón, en la ansiedad hay algo más que el temor generado por la falsa creencia. Puede incluir una reacción condicionada a ciertos estímulos que han estado asociados con un trauma o un sufrimiento en el pasado.

Carolina, por ejemplo, era una adolescente sofisticada e independiente, que a los dieciséis años, cuando conducía su auto en una tormenta de nieve, fue embestida por otro vehículo desde atrás. Su auto perdió el control y chocó contra un vehículo que venía en sentido opuesto. Carolina salió ilesa del siniestro, sin más consecuencias físicas que algunos músculos afectados y dolor en el cuello. Pero no quería ni pensar en volver a conducir.

Aun cuando iba en un vehículo con otro conductor, su corazón se aceleraba y sus manos transpiraban. Si pensaba en el accidente que había tenido, se ponía tan intranquila que tenía que cambiar de tema. Poco tiempo después, Carolina estaba evitando a toda costa todo lo que le produjera ansiedad.

Cuando llegó buscando terapia, me pareció que la mayor parte de su comportamiento se debía a las reacciones automáticas condicionadas. Es decir, reaccionaba directamente a cualquier estímulo asociado con el accidente, aunque no se repitiera ninguna falsa creencia. Es decir que teníamos que tratar con sus condicionamientos, más que con falsas creencias.

Consideremos otro ejemplo. Una mujer llamada Olivia relató cómo entendía que había llegado a tener miedo al agua. La ansiedad que le producía era tan severa, que se sentía aterrada con sólo pensar en entrar a la parte baja de una piscina.

«Mis dos hermanos mayores», contó Olivia, «siempre me atormentaban cuando era pequeña. Una de las cosas que hacían era sostenerme para que no pudiera moverme y después sumergían mi cabeza bajo el agua en la piscina. ¡Me aterraba no poder respirar! ¡No me soltaban hasta que me parecía que me iba a morir!».

El miedo de Olivia y su conducta de evitar el agua, probablemente eran reacciones ansiosas condicionadas. Aun así, en la práctica es difícil estar seguro, tanto en este como en otros casos, cuánto de la ansiedad es reacción a un monólogo equivocado («Me voy a ahogar, no voy a poder respirar, me voy a morir») y cuánto es reacción al condicionamiento.

En la terapia conocida como *condicionamiento por aversión*, los sicólogos consideran que están haciendo uso de los fenómenos de ansiedad condicionada y de evasión, que aplican para ayudar a las personas a generar aversión al alcohol, a las drogas o a objetos sexuales ilícitos. Administran al adicto estímulos eléctricos dolorosos reiterados, mientras está pensando acerca de la conducta indebida: El efecto es que el sujeto, por lo general, experimenta un creciente deseo de evitar la atracción ilícita.

En nuestro análisis, acerca de la ansiedad, es importante que mantengamos un enfoque conjunto tanto en los procesos de condicionamiento como en las falsas creencias. Sin embargo, también debiéramos tener presente que ya sea cognoscitiva o condicionada, la ansiedad siempre nos mueve en dirección a la *evasión*. Es decir, a menos que alguna razón más fuerte nos lleve en otro sentido, tendemos a evitar personas, lugares y pensamientos que evoquen emociones angustiantes. Carolina, por ejemplo, evitaba conducir y sólo pudo cambiar de actitud cuando avanzó en la terapia. De la misma manera, quizás nosotros estamos evitando hacer cosas porque nos resultan angustiantes o temibles. Si lo hacemos, al fin comprobaremos que la evasión que realizamos para evitar la ansiedad, sólo nos conduce a más ansiedad.

La evasión *produce* ansiedad

Lo que quizás sea el hecho más significativo, en relación a la evasión, es algo que mencionamos sólo brevemente en el capítulo 2: ¡La evasión concretamente genera ansiedad!

Los sicólogos solían preguntarse por qué la gente no lograba superar el temor a las serpientes, a las arañas o a otras personas. ¿Por qué esos temores y ansiedades pueden perpetuarse por años, aunque nunca hayan sido mordidos por una serpiente, picados por una araña o golpeados por otro ser humano? ¿Por qué los animales quedan, en definitiva, atemorizados por un sitio donde hayan sido lastimados, no importa el tiempo que pasó desde el suceso doloroso? ¿Por qué es que la ansiedad de las personas y los animales no va disminuyendo, lo mismo que otras emociones como el dolor, el entusiasmo o la ira?

Por mucho tiempo, tanto los sicólogos como las víctimas de esta ansiedad intratable, estuvieron perplejos por tales interrogantes. Al final, a comienzos de la década del 50, algunos investigadores que estaban trabajando con perros descubrieron lo que parecía ser la respuesta.[5] Cuando

una persona ansiosa se las arregla para evitar encontrarse con un estímulo que le produce ansiedad, la sensación de ansiedad disminuye. Este
alivio opera a nivel sicológico como un premio o refuerzo.

Cuando a una conducta le sigue un premio o un refuerzo, es más probable que vuelva a ocurrir. Se afianza el hábito. De modo que la evasión,
en realidad, opera fortaleciendo y perpetuando la ansiedad y evitando
que la persona la supere.

Todos esos procesos de los que leímos en el capítulo 2 —las estrategias a las que recurrimos para reducir la ansiedad y obtener la mayor
tranquilidad posible cuando nos vemos amenazados por la ansiedad—
reducen la intensidad de nuestra angustia *temporalmente*. Pero al hacerlo, en realidad prolongan el síndrome de la ansiedad. Es decir, que las
medidas que tomamos para conseguir cierto alivio, en realidad tienen el
efecto, a largo plazo, de incrementar y perpetuar la ansiedad.

La fe nos libera de la ansiedad

El círculo vicioso —ansiedad, evasión, más ansiedad—, puede romperse.
¡La fe lo logra! Si invocamos esa fe «viva, laboriosa y activa» que descubrió
Lutero, podremos dar pasos apropiados para curar nuestros temores en
dos niveles.

En primer lugar, podemos invocar nuestra fe diciéndonos la verdad
en lugar de las mentiras que hemos estado repitiendo. Las falsas creencias
nos dicen: «Si no logras evitar ese horrible suceso, lo más probable es que
ocurra (sobreestimación de las probabilidades de un curso perjudicial de
los hechos). Si esa cosa horrible ocurre, será tan aplastante que no podrás
superarlo y te va a destruir (sobreestimación de las consecuencias perjudiciales del hecho)». En cambio la fe, la creencia correcta, nos dice: «Es
probable que esa cosa horrible no ocurra. Si sucede, no temas, porque
Dios promete que lograrás superarla y salir adelante».

La fe puede decir estas cosas porque son absolutamente ciertas y lo son
porque se basan en la Palabra de Dios, que no miente. Dios ha dicho que,
a menos que Él quiera usar una situación dolorosa para producir un bien,
lo va a evitar, aun cuando miles de personas alrededor de usted sufran
ese mal. (Véase Salmos 91.1-10.) Mas aunque Dios permitiera que esa cosa

terrible ocurriera, Él le garantiza con total certeza que eso no puede destruirlo sino que, por el contrario, la va a utilizar para su bien (véase Romanos 8.28). La fe nos asegura que «no tenemos que evitar las situaciones ni las personas ni los pensamientos que ahora nos atemorizan».

En un primer nivel, entonces, la fe contradice las falsas creencias y ofrece un monólogo veraz, que modificará nuestras emociones, disminuirá nuestros temores y nos llevará hacia una acción diferente. Mientras tanto, en un segundo nivel, la fe opera en el estilo «vivo, laborioso y activo». La fe no se queda dentro de nuestra cabeza y nuestro monólogo interior, sino que produce «buenas obras», como las llama Lutero.

La fe siempre nos estimula e insta a avanzar hacia nuestra obligación, a pesar de los temores. Si miramos de frente al miedo y hacemos nuestras tareas a pesar del impulso a evadirlas, descubrimos que la fe nos lleva a hacer lo que a la larga nos curará de ese temor, aunque en el momento nos produzca cierto malestar.

Una palabra respecto al malestar. La mayor parte del tiempo, la incomodidad que nos produce la ansiedad es más bien leve. La mayoría de las personas siente algún grado de ansiedad en relación a muchas de las cosas que hacen, especialmente si sus vidas están llenas de desafíos y ocupaciones interesantes. Sin embargo, de vez en cuando los que tienen fe deben enfrentar temores muy grandes y aun situaciones en las que el peligro no está en absoluto sobreestimado.

La Biblia nos dice que algunos creyentes, estimulados por esa fe viva, laboriosa y activa, han sufrido torturas, escarnios y azotes, han sido encarcelados, arrojados en el foso de los leones o a hornos encendidos, peleado peligrosas batallas, aceptado ser apedreados, muertos a espada y partidos en dos (véase Hebreos 11.18-38). Aun en ocasiones en que el peligro es real y el temor es proporcional a los riesgos de la situación, a veces la acción a la que nos mueve la fe será precisamente dirigirnos frontalmente a la amenaza. Esas son situaciones en que marchar hacia el peligro es precisamente lo que debemos hacer.

En esas oportunidades, el monólogo veraz nos dirá: «Sé que eso es verdaderamente peligroso, que puedo resultar herido y hasta muerto. Pero mi Dios es capaz de evitar el daño y si lo decide, ni un cabello caerá de mi cabeza. Si decide otra cosa, puedo estar seguro de que sabe exactamente cómo hacer que el mal resulte en un bien. ¡De modo que sigo adelante y cumplo con mi obligación aunque sienta miedo de hacerlo!».

Por ejemplo, la Biblia nos dice que en una situación de ese tipo, Sadrac, Mesac y Abed-nego expresaron en voz alta su propio monólogo lleno de fe ante el azorado rey Nabucodonosor. Cuando el rey ordenó que cometieran idolatría so pena de ser incinerados, ellos se negaron a obedecerle. Sabían cuál era su deber para con Dios, aunque reconocían con exactitud que ningún monarca oriental que se preciara dejaría de cumplir una sentencia de muerte y que había un alto grado de probabilidad de que Dios permitiera que murieran quemados. Lo que se habían dicho a sí mismos, lo reiteraron en público: «He aquí nuestro Dios a quien servimos puede librarnos del horno de fuego; y de tu mano, oh rey, nos librará. Y si no, sepas, oh rey, que no serviremos a tus dioses, ni tampoco adoraremos la estatua que has levantado» (Daniel 3.17-18).

Exponerse al «fantasma»

Los experimentos con la ansiedad han mostrado que el ingrediente básico, que no puede ser dejado a un lado en ninguna terapia de la ansiedad, es *la exposición al objeto temido*. De una u otra manera, todos los tratamientos contemporáneos (excepto las drogas) implican la exposición de la persona ansiosa a aquello que más quisieran evitar, sea lo que fuese. En el caso de Carolina, por ejemplo, el recurso que usé en el tratamiento implicaba exponerse por medio de la imaginación. Practicaba imaginándose a sí misma conduciendo en la nieve, hasta que dejó de sentirse incómoda con la idea. Luego pudo hacer la acción concreta que había estado evitando, conducir un automóvil.

Si hemos estado evadiendo una obligación porque nos produce ansiedad, necesitamos dejar que nuestra fe nos exponga a la verdad. No debemos seguir cultivando las falsas creencias trágicas y amenazantes que hemos estado acumulando en nuestra reflexión. Además, necesitamos liberar nuestra fe «viva, laboriosa y activa» exponiéndonos justamente a aquellas cosas que nos atemorizan, hasta que al fin logremos hacerlas.

A continuación, vamos a analizar cómo aplicar estos dos enfoques sanadores de la fe a distintos tipos de ansiedad.

Capítulo 4

LOS «DISFRACES»
DE LA ANSIEDAD

Creo que mi abuela nunca hubiera usado la palabra «ansiedad» para describir sus emociones. Con toda probabilidad sólo hubiera dicho de sí misma que era una persona «cautelosa». Pero puedo recordar vívidamente sus ansiedades respecto a nuestra salud.

Abuelita vivía con nosotros cuando mi hermana Marian y yo éramos pequeños. Sus advertencias resonaban a diario en nuestros oídos apenas salíamos a la puerta: «¡Tengan cuidado!». «¡Pónganse un abrigo para que no se resfríen!». «No pueden salir a nadar hoy. No hace suficiente calor. Pueden enfermarse».

Para ser justo debo admitir que muchas personas de su generación, que habían visto cómo diezmaban las epidemias a sus comunidades, estaban hasta cierto punto condicionadas a temer a las enfermedades. En cualquier caso es un milagro de la gracia que mi hermana y yo no hayamos terminado transformados en un manojo de nervios. Sin embargo, dudo que mi abuela hubiera reconocido que su actitud era un tipo de ansiedad.

Muchas personas ansiosas no están conscientes de que sus dificultades incrementan su ansiedad. A veces la ansiedad está tan disfrazada, que no la reconocen y tampoco la advierten sus amigos y seres queridos. Es difícil identificarla, porque se presenta de muy variadas maneras. En algunas personas, la ansiedad aparece como preocupación, obsesión y hasta compulsión. En otras desánimo físico y en la mayoría de las personas (en especial aquellas que dicen que tienen muy poco o ningún problema con la ansiedad), aparece tras las diversas tácticas que le permiten evitar las emociones incómodas que la provocan, aunque no solucione sus conflictos.

Cualquiera que sea su forma, en la raíz misma de la ansiedad yace la sensación de que algo no anda bien. Es una forma condicionada de mirar la vida, que está a la expectativa de que ocurra lo peor y trata de evitar precisamente eso tan temido.

Tres rostros de la ansiedad

La ansiedad puede presentarse bajo tres rostros diferentes y cada uno de ellos tiene su propia forma de atacar la fe. La ansiedad *mental* tiene su principal área en la mente. La ansiedad *somática* se manifiesta en el cuerpo. La *evasión* se muestra en nuestro comportamiento, que inútilmente procura alejarnos del temor.

Ansiedad mental

La ansiedad mental a menudo se presenta como preocupación. Los que se preocupan en exceso se sienten miserables, a fuerza de repetirse ideas intranquilizantes. A veces esos pensamientos persisten a pesar de todo el esfuerzo que haga la persona por liberarse de ellos.

¿Qué es lo que estas personas se dicen una y otra vez? He aquí algunos ejemplos del monólogo preocupante. Preste especial atención al elemento «perdedor» que contienen, a la perspectiva de *futuro más que de presente*, al hecho de que la angustia está vinculada a los pensamientos y no a una sensación de algo como una *punzada en la boca del estómago*.

- «Estoy seguro de que van a entrar ladrones a la casa y nos van a robar las pertenencias mientras estemos de vacaciones. Les pasó a los vecinos el verano pasado. Se llevaron el televisor, el estéreo y otras cosas valiosas. ¡No voy a tener un instante de tranquilidad mientras estemos fuera!».

- «¿Y si la canoa de Roberto se voltea en el agua helada? Podría morirse de hipotermia. ¡Preferiría que no salga con esos muchachos! ¡No me parecen muy prudentes!».

- «Temo cometer el pecado imperdonable. He tenido pensamientos que *podrían* ser una blasfemia al Espíritu Santo. ¡Desearía estar seguro de que soy salvo! Pero no puedo. Es cierto que mi pastor me dice que no tengo por qué preocuparme. Pero, ¿y si se equivoca?».

- «¿Y si pierdo mi puesto en el trabajo? Sé que mi jefe dice que está satisfecho conmigo, pero quizás sólo lo hace para que no me entere de que planea despedirme la próxima temporada. ¿Qué puedo hacer?».

- «Tengo miedo de no aprobar los exámenes. Tendré que tomar clases un período más. Si eso ocurre no podré mantenerme y tendré que buscar otro trabajo. En consecuencia no podré dedicarme lo suficiente a los estudios…»

- «Este dolor en el costado… ¿y si fuera cáncer? Debe ser algo serio. Tengo miedo de ir al doctor porque podría decirme realmente lo grave que es. Pero si no voy, me puedo empeorar. ¡No sé qué hacer!».

- «Si me esfuerzo y termino mi tesis doctoral, después no tendré qué hacer y me sentiré miserable. Si no la termino, me van a considerar un fracasado. ¿Qué debo hacer?».

- «Mi novia no estaba en la casa cuando la llamé por teléfono. Estoy seguro de que está saliendo con otro muchacho. ¿Y si me abandona?».

Los que se preocupan de esta manera escuchan la verdad en la iglesia o la leen en la Biblia, pero luego la olvidan cuando están frente a la ansiedad. En vez de repetirse la verdad vuelven a los pensamientos atemorizantes, una y otra vez. Hacen listas mentales de las cosas que podrían salir mal y atestan su cerebro con las reservas que piensan que debieran acumular en previsión de futuras calamidades. Practican esperar lo peor pensando que de esa manera, al menos, no se verán sorprendidos cuando la tragedia suceda. Muchas de sus reflexiones comienzan con las palabras «¿Y si…?».

Una segunda forma de ansiedad mental que se asemeja a la preocupación —excepto por el hecho de que los pensamientos parecen más irracionales y más persistentes— es el *pensamiento obsesivo*. El análisis de las obsesiones y de su tratamiento excede la visión de este libro. Si usted considera que su ansiedad mental se presenta en esta forma más aguda, debiera consultar con un médico o un sicólogo.

No importa cuál sea su intensidad, la ansiedad mental echa un balde de agua fría sobre la felicidad. La evidencia muestra que, todo lo contrario de lo que la gente supone, no importa tanto ser rico o pobre, tener vista o ser ciego, ser una persona bella o vulgar, inteligente o simple, ágil o inválida, tener o no daños cerebrales: Somos felices cuando estamos conformes con nuestras circunstancias y este contentamiento viene con la actitud de vivir el presente.

La preocupación, por el contrario, retiene nuestras reflexiones ya sea en el pasado o en el futuro. Dirige nuestra atención hacia las posibles calamidades que podrían presentarse en el porvenir. Y para brindar evidencia del peligro que tenemos por delante, a menudo se refiere a sucesos negativos del pasado, insistiendo en que las cosas siempre nos han ido mal y recordándonos cómo contribuimos siempre a nuestra propia desgracia.

Por ejemplo, la persona que se preocupaba de que su casa fuera invadida por ladrones, no lograba disfrutar el presente: Unas vacaciones ganadas con esfuerzo. En vez de eso, centraba su atención en la horrible posibilidad de que al regresar encontrara una tragedia. Tomaba la experiencia que había sufrido su vecino como «evidencia» de la probabilidad de que le pudiera ocurrir el siniestro.

¿Patrones adquiridos en la infancia?

Aunque los científicos no conocen todas las causas que generan la preocupación, algunos creen que las personas desarrollan este comportamiento porque han sido criados por padres imprevisibles, que a veces estaban enfermos, otras se mostraban furiosos y a veces realmente violentos. En ocasiones alguno de los progenitores se refugiaba en una jaqueca o en el alcohol. Cuando niños, esos futuros ansiosos se repetían una y otra vez que era mejor no agitar las olas. Llegaban a la conclusión de que si lograban anticiparse a lo que pudiera provocar la reacción de esa figura autoritaria conflictiva, podrían evitar las consecuencias de los excesos de jaqueca, la ebriedad o las horribles explosiones de violencia. Así fue como desarrollaron el hábito de estar a la expectativa permanente de algo trágico.

Cualquiera que sea la causa originaria, del esquema mental de la preocupación, es obvio que es contraproducente. Aunque resulte sorprendente, la gente a menudo se preocupa por cosas que podría solucionar si no estuviese tan concentrada en evitar aquellas que le producen ansiedad. Mencioné antes una mujer que se afligía por no poder concebir un hijo. Pero no tomaba medicamentos para la fertilidad, porque temía que no dieran resultado. Pensaba que no podría tolerar la consiguiente desilusión definitiva. Podría haber traído descanso a su corazón atribulado si hubiese decidido probar una buena medicación.

Muchas personas, igual que ella, cuando están frente a un problema recurren a tácticas evasivas que les impiden precisamente solucionar sus conflictos: «No quiero saber qué es lo que hace mi hijo adolescente cuando vuelve tarde a casa. Podría llegar a descubrir algo horrible». «Me gustaría ir a la universidad pero tengo miedo de no pasar el examen de ingreso y no podría tolerar el fracaso». «Temo ir al médico porque podría confirmar mis sospechas y eso me destruiría totalmente». En cada caso, la evasión sólo consigue que el problema que nos preocupa se mantenga y aun empeore.

Ansiedad somática

Algunas personas tienden a huir en lugar de preocuparse. Quizás consideran que el suyo es un problema de «nervios» o que son personas tensas, que se irritan con facilidad y que lo que sufren se debe más a su propio estado de alerta, que a las preocupaciones por las situaciones cotidianas. Quizás se imaginen que tienen una dolencia cardíaca, porque el corazón se les acelera cuando están intranquilos. Se aterran con síntomas tales como quedarse sin aliento, aturdirse, marearse, temblar o sentir debilidad.

Los sentimientos de ansiedad pueden aumentar a causa del monólogo alarmista que a menudo acompaña esta clase de angustia. No cabe duda que cuando estamos ansiosos, a menudo estamos tan absortos en las molestias corporales que sentimos, que ni siquiera nos damos cuenta de este monólogo negativo. Pero si hacemos un esfuerzo podemos sintonizarlo y reconocer el papel que está jugando.

A diferencia de la persona que se preocupa constantemente, el monólogo del ansioso somático se centra en los temores acerca de lo que le está sucediendo en *este* momento. Podría ser algo como lo siguiente:

«¿Qué puede ser lo que me está ocurriendo? Me pregunto si me estoy muriendo. Me late fuerte el corazón y tengo una extraña sensación en la cabeza. Debo estar con alguna clase de ataque. Algo terrible está a punto de sucederme. ¡Necesito ayuda ahora mismo!».

O bien podría ser algo así:

«Me debo estar volviendo loco. Si esto continúa, me van a encerrar en un manicomio. ¿Qué va a pensar la gente? No puedo contarle esto a nadie, pero necesito ayuda. ¿Qué puedo hacer? ¡Estaré perdiendo el juicio?».

Otra clase de ansiedad somática es la que se presenta en personas que transforman la ansiedad en enfermedades fisiológicas de algún tipo. Muchas jaquecas, dolores de espalda, contracciones musculares, punzadas en el pecho, desórdenes digestivos estomacales o intestinales, aun el colesterol y la presión sanguínea alta, a veces son simplemente expresión somática de la ansiedad. Un paso muy importante es determinar si este es el caso mediante un examen médico completo realizado por un profesional competente. Sólo si se descartan las causas orgánicas podemos determinar si el síntoma obedece en realidad a la tensión.

Las personas que sufren enfermedades somáticas, originadas por la ansiedad, pueden mejorar si toman conciencia de que sus síntomas, aunque sean en sí mismos orgánicos, en el fondo son síntomas de ansiedad. También pueden beneficiarse si reemplazan cuidadosa y sistemáticamente su monólogo falaz y cargado de amenazas, por la reflexión veraz. También ayuda el entrenamiento y la práctica sistemática de la relajación.

Evasión

Es probable que la ansiedad que más pasamos por alto es aquella que manejamos con estrategias evasivas. Tanto las personas mentalmente ansiosas, como las que somatizan la ansiedad pueden, y probablemente lo hacen, realizar maniobras evasivas para ayudarse a escapar de lo que les resulta desagradable. Esto significa que las categorías que presentamos en este capítulo no son mutuamente excluyentes.

Lo que vemos en la superficie, de muchas vidas ansiosas, son las tácticas *evasivas* que tienden a eludir la incómoda sensación de ansiedad. De modo que a menudo se hace necesario considerar las conductas evasivas como un síntoma de ansiedad y buscar debajo de la superficie la fuente de esta. Un punto de partida para empezar a mejorar es aprender a reconocer la ansiedad que se disfraza tras la evasión.

«¡Nunca me entretengo!», dijo muy circunspecta Dorita, apretando los labios como para advertirme que no le preguntara más al respecto. Pero este no era un encuentro social y ella era mi paciente. De modo que opté por ignorar su advertencia, a pesar de que fruncía los labios como diciéndome: «¡No se meta!» y le pregunté el porqué.

«En primer lugar, estoy demasiado ocupada. Además, me parece muy machista que los hombres esperen que las mujeres atiendan como sirvientas, mientras ellos se sientan a conversar con las visitas. Yo insisto en que les invitemos a comer a un restaurante y eso es lo que, en definitiva, hacemos cuando tenemos que retribuir una invitación. ¡Creo que es la manera en que las parejas modernas deben entretenerse!».

Los lectores sensibles ya habrán adivinado que esa defensa no era más que un ropaje para ocultar la ansiedad que le producía a Dorita recibir visitas en su casa. La sola idea de servir una comida a los invitados le producía sentimientos incómodos que la llevaban a descartar la sugerencia de inmediato. Si se hubiese preguntado por qué tenía esa molestia en la boca del estómago, seguramente hubiese podido poner el dedo en los pensamientos amenazantes que bordeaban la frontera de su conciencia.

¿Cuáles eran esos pensamientos? Cada vez que Dorita pensaba en recibir visitas, imaginaba que podían quemarse las verduras o que el filete de ternera no resultaría tan sabroso como el de Mariana, o que la mesa no estaría correctamente tendida. Si cometiera esos o cientos de otros posibles tropiezos, la criticarían y quedaría como un fracaso ante sus amistades.

En síntesis, Dorita tenía temor de mostrarse como una persona incompetente. Por supuesto, estaba sobreestimando la posibilidad de cometer una torpeza o lo «terrible» que sería, pero no llegaba a percibir que lo hacía. En cambio, tomaba la ruta de la evasión y la encubría, aun a sus propios ojos, con «razones» justificadas en apariencia.

Este ejemplo nos permite ver que cuando en la superficie aparece una conducta evasiva, no es siempre tan simple reconocer que el problema de fondo es la ansiedad.

Considere algunas otras quejas tras las cuales cierta gente que conozco oculta su ansiedad:

Tomás se quejaba de que no tenía amigos. Su verdadero problema era que evitaba los vínculos interpersonales, porque lo ponían terriblemente ansioso.

Patricia sufría y se reprochaba por una mentira que le había dicho a su esposo. No sabía cómo decirle la verdad, por temor a que la abandonara.

Ricardo se consideraba escritor. Tenía planeado escribir una gran novela, pero no lograba empezarla. «Soy un moroso», se decía. Quizás era cierto, pero también estaba encubriendo su ansiedad. La posibilidad de fracasar lo ponía tan ansioso, que recurría a un método absolutamente seguro para evitar un fracaso: ni siquiera hacía un intento.

Catalina se dejaba el cabello suelto porque detestaba la sensación de encierro que sentía en los salones de belleza.

Alberto no viajaba en ómnibus ni iba a sitio alguno donde otros pudieran fijarse en él.

La repulsión que sentía Pamela a hacer el amor con su esposo le producía «jaquecas» cada vez que él se acercaba en actitud romántica.

Pedro rechazó la designación que le ofrecía el comité, porque detestaba hablar en público.

Carola no lograba decirle a su mamá que no iría a casa para las Navidades.

José era impotente y le echaba la culpa a su diabetes.

Luisa buscaba cuanta excusa encontraba para evitar salir de viaje con su esposo, porque por alguna razón se sentía mal cuando estaba lejos de su casa.

Marcos rara vez hacía una llamada telefónica, especialmente si tenía quien la hiciera por él. Se sentía incómodo hablando por teléfono. Clarita no visitaba amistades que tuvieran perros en la casa.

La lista podría ser interminable. Con seguridad, algunas de esas personas no se daban cuenta del conjunto de factores subyacentes a sus hábitos evasivos. Lo más frecuente, sin embargo, es que *sí* estamos conscientes en mayor o menor medida, de la ansiedad que intentamos evitar por medio de maniobras evasivas, aunque probablemente no nos permitamos pensar mucho en ello.

En la práctica, cualquiera de estas conductas u otra queja presentada a un sicólogo, podría tratarse de una máscara o disfraz de la ansiedad, una modalidad de conducta evasiva que una persona lleva a cabo con la esperanza de minimizar sus molestias, evadiendo la ansiedad. Sin embargo, lo cierto es que, a la larga, la conducta evasiva incrementa la ansiedad.

La evasión física y la evasión mental

Podemos evitar nuestras ansiedades mediante dos tipos de maniobras: físicas o mentales. Por ejemplo, las personas que tienen fobias por lo general practican la evasión física, porque pueden fácilmente mantenerse lejos de los objetos temidos. No es tan difícil transitar por la vida eludiendo las serpientes y es posible, aunque menos simple, abstenerse de volar en un avión.

Hay situaciones, lo mismo que objetos, que pueden evitarse. Muchos individuos que se sienten ansiosos en el contacto social evitan estar en grupos, fiestas o encuentros, donde se esperaría que conversen informalmente con personas poco conocidas. Los que temen no poder hacer el amor, de manera adecuada con su cónyuge, hacen todo lo posible por evitar el sexo. Cuando las evaluaciones son fuentes de gran ansiedad, algunas personas encuentran cómo mantenerse lejos de los deportes, los exámenes, las demostraciones y otras situaciones en las que podrían ser juzgadas por otros. Aquellas que temen el sufrimiento físico, la enfermedad o la muerte, hacen todo lo posible por no llegar a situaciones en las que podrían correr un riesgo que les parece excesivo.

Por otro lado, nuestra evasión puede tomar un curso mental en lugar de físico. En la evasión mental es típico que nos digamos: «Trata de no pensar en eso». Si estamos ansiosos por algo que podríamos o deberíamos estar haciendo, podemos controlar nuestros pensamientos hasta que queden serpenteando evasivamente en torno al asunto o simplemente cambiar de tema. Podemos llegar, inclusive, a ejercer control sobre otros diciéndoles que no hablen acerca de determinados temas, porque nos ponemos nerviosos cuando nos vienen a la mente.

Lo mismo que en la evasión física, en la mental podemos evitar temporalmente las sensaciones de incomodidad. Pero los efectos a largo plazo pueden ser peores: Podría bloquearse nuestra capacidad para dar un uso adecuado a nuestra mente y podría ocurrir que se intensifique la ansiedad. También podría haber perjuicios espirituales: Para practicar la evasión mental debemos desconectar los estímulos de nuestra fe, que nos insta precisamente a llevar a cabo esas obligaciones que nos provocan ansiedad.

La evasión mental puede tomar diversos caminos. Elevamos el volumen de la música hasta que nos aturde y nos impide pensar en nuestros conflictos. Cambiamos de tema, antes de que la conversación llegue al asunto que nos atemoriza. Saltamos la columna de los avisos fúnebres cuando leemos el periódico, para evitar la ansiedad que nos produce nuestra propia mortalidad.

Asistimos a una iglesia donde el predicador condena los pensamientos «negativos» y sólo predica acerca de cosas positivas, para no correr el riesgo de recordar realidades que nos generan incomodidad. No tenemos en cuenta a los enfermos, porque nos recuerda que algún día nosotros también podríamos sufrir cáncer, problemas cardíacos o alguna otra enfermedad fatal. Ignoramos a los pobres, a los marginados, a los enfermos mentales, a los enfermos terminales, a los divorciados, a los abandonados… todo como parte de una estrategia de evasión mental, como una manera de eludir las realidades trágicas, a fin de no enfrentar nuestros propios temores al respecto.

Es evidente que la evasión puede tomar tantas formas que quizás no reconozcamos de inmediato el problema: Algunas maneras de introversión ocurren en especial cuando la persona en cuestión evita contactos significativos. Algunos casos de desórdenes sexuales, en específico aquellos en que la persona evita hacer el amor con su cónyuge por temor a no hacerlo bien. Algunos rechazos hacia los deportes y los juegos, particularmente cuando la persona no quiere quedar mal o perder. Algunas negativas a comprometerse en proyectos específicos. La decisión de evitar determinadas rutas. No trabajar, no ir a clase, evitar presentarse a personas desconocidas, no hablar cuando debiera hacerlo... Todos estos comportamientos pueden a veces ser ejemplos de evasión originada en la ansiedad. A menudo nuestros amigos no perciben nuestra ansiedad, porque la tenemos muy bien encubierta.

Un inventario personal de la ansiedad

Intente evaluar su propia ansiedad usando el siguiente listado. Preste especial atención a sus posibles conductas evasivas. Controle qué cosas de la lista le producen algún grado de temor o tiende a evitar:

_____ alturas	_____ tierra
_____ ver sangre	_____ ratones
_____ perros	_____ exámenes
_____ conocer personas nuevas	_____ arañas
_____ hablar en público	_____ cadáveres
_____ hospitales	_____ conducir automóviles
_____ gatos	_____ dinero
_____ la desaprobación	_____ hablar por teléfono
_____ el fracaso	_____ discutir con otros
_____ el rechazo	_____ hacer el amor con su cónyuge
_____ la ira de otros	_____ la crítica
_____ pagar facturas	_____ las visitas al médico
_____ arritmia	_____ las visitas al dentista
_____ tormentas eléctricas	_____ inyecciones

_____ desmayarse   _____ cometer errores

_____ mostrarse nervioso   _____ víboras

_____ perder el control   _____ fuego

_____ espacios cerrados   _____ lugares abiertos

_____ ascensores   _____ multitudes

_____ cargos de responsabilidad   _____ el agua

_____ instrumentos cortantes   _____ volar en avión

¿Recordó marcar las cosas que *evita,* tanto como aquellas que le producen intranquilidad con sólo pensar que pudieran suceder? La mayoría de las personas habrá marcado al menos algunos puntos. Algunos marcaron todos. Quizás usted haya recordado algunos temores que no están incluidos en este breve inventario. Si es así, anótelos aquí:

_____

_____

_____

_____

A medida que avance, en lo que queda de este libro, vuelva periódicamente a esta página para tener presente sus propias ansiedades, y las tácticas personales que le impiden ejercer su fe y realizar lo que Dios le llama a hacer.

En la base de toda conducta hay un fundamento espiritual. En el próximo capítulo vamos a indagar los cimientos espirituales de la ansiedad y de nuestra práctica para evadir las obligaciones, que tanto menoscaban nuestra fe.

Capítulo 5

LAS RAÍCES ESPIRITUALES DE LA ANSIEDAD

Quizás se haya preguntado por qué padece tanta angustia por cosas que no debieran producirle ansiedad. Tal vez, incluso, le haya preguntado a quienes se supone saben más al respecto.

Si le ha preguntado a un consejero por qué reacciona así a las situaciones de la vida, la respuesta que le haya dado depende, en gran medida, de la capacitación y de la orientación teórica del consejero. Como ya hemos señalado, algunos sicólogos piensan que la ansiedad se debe al hecho de haber sido criados en un hogar inseguro, por padres que siempre les tenían en vilo a causa de su conducta atemorizante e impredecible. Otros dirán que es probable que haya adquirido su ansiedad por condicionamiento, a veces casi por accidente. Últimamente se ha puesto en evidencia que la tendencia a ser «nervioso» se hereda.

Por otro lado, muchos consejeros —entre los cuales me incluyo— lo llevarían a considerar el presente más que el pasado. Lo que sugerimos es que, más allá de cómo haya adquirido la ansiedad, *ahora* la mantiene basado en un monólogo interior conformado por falsas creencias atemorizantes y tácticas evasivas.

¿Tiene raíces espirituales la ansiedad?

Todas aquellas explicaciones pueden ser correctas y beneficiosas, al menos hasta cierto punto. Pero quizás no se apliquen en absoluto a su caso. Usted dirá: «Pero yo tuve una madre afectuosa y un padre cariñoso. ¡No puedo pensar en nada respecto a mi familia de origen que explique mi ansiedad! Hasta donde yo sé, nunca viví más traumas que la gente corriente. Si estoy ansioso a causa de mis falsas creencias, ¿de dónde las obtuve?».

Si ninguna de las teorías sicológicas sobre las causas de la ansiedad parece aplicarse a su caso, se encontrará todavía perplejo tratando de identificar qué es lo que subyace a sus problemas. Como cristiano, quizás sospeche que los factores espirituales tienen algo que ver con su ansiedad. Tal vez llegue a la conclusión de que necesita entender y tomar en cuenta algunas realidades espirituales relevantes.

Coincido con usted. Con frecuencia se pueden encontrar factores espirituales decisivos que acechan tras este enigmático rompecabezas de nuestro funcionamiento síquico. *Pero esto no quiere decir que las explicaciones sicológicas no sean en sí mismas acertadas, cuando rastrean el origen de la ansiedad en ciertas experiencias de aprendizaje, en los factores de crianza o en la genética.*

En mi opinión, el poder que tiene el aprendizaje para influir en nuestro comportamiento ha sido ampliamente demostrado por los científicos y está bien respaldado por las Escrituras.[1] Sin embargo, las explicaciones que se basan sólo en los aspectos sicológicos, aunque pueden a veces ser de utilidad, no logran ofrecer una explicación de fondo a la ansiedad patológica y la conducta evasiva.

Tampoco pueden explicar por qué los padres se conducen de manera injusta con sus hijos, al punto de generar en ellos comportamientos ansiosos. Quizás se insinúa que es a causa de sus propios padres y así se retrocede generación tras generación. Pero hay muchas razones por las que resulta insatisfactorio echar de forma sistemática toda la culpa a las generaciones previas. Entre otras, el hecho inobjetable, siguiendo ese razonamiento, de que el mal comportamiento de los primeros padres sigue sin explicación.

Si usted tiende a pensar como la mayoría de la gente, entonces no podrá escapar al hecho de que estamos tratando aquí con causas que son más que naturales. Debe haber una razón más profunda que explique por qué transitamos por la vida, temerosos e inseguros, aun cuando se nos diga una vez tras otra que Dios se ocupa de nosotros y que tiene control de nuestra vida para nuestro bien. Debemos encontrar un conjunto de causas más profundo, si queremos llegar a entender la persistencia de la ansiedad y el perjuicio de la conducta evasiva.

Peculiaridad de la sicología cristiana

El primer paso que tenemos que dar, para alcanzar esa comprensión, es comprender que el siquismo del cristiano es diferente en varios e importantes aspectos del que posee una persona no regenerada. Es más, tal como se describe en las Escrituras, el cristiano es sicológicamente más *complejo* que el no creyente, porque los cristianos tienen *dos* naturalezas en vez de una sola.

Nuestra nueva naturaleza (personalidad)

En este sentido es de radical importancia nuestra *nueva* personalidad, fresca, viva, llena de poder del Espíritu Santo, en contacto con Dios, inmune a la muerte. Esta nueva naturaleza está decidida a caminar por fe, esa fe que disfruta sirviendo a Dios y haciendo sólo su voluntad.

Como cristianos ya hemos experimentado la acción de esta nueva personalidad en nuestra mente y nuestro corazón. La hemos «oído» instándonos a decirnos a nosotros mismos las verdades de la fe, en vez de las mentiras de la incredulidad. Esta nueva personalidad conoce la verdad, profesa creencias correctas en lugar de las falsas y promueve la verdad en nuestros pensamientos. Si se le da la oportunidad, podrá llevarnos a superar nuestra ansiedad al punto de que dejaremos de escondernos de aquellas cosas que tenemos la obligación de hacer. De manera que esta nueva personalidad puede disminuir y finalmente destronar esos temores irracionales que nos paralizan.[2]

Llegará un día, en los cielos, en que esta nueva personalidad será la incomparable y lo único en todos nosotros. Las complicaciones que producen nuestra vieja naturaleza y sus falsas creencias habrán desaparecido para nuestro bien.

La «vieja» naturaleza (personalidad)

Pero ese día corresponde al futuro. Por el momento estamos atrapados en el lastre del pasado: La vieja naturaleza o personalidad llamada a menudo «la carne» en las Escrituras. Esta vieja naturaleza está tan consagrada a oponerse a Dios y a promover el proyecto del diablo, como la nueva naturaleza lo está en amar y confiar en Dios.

También hemos podido «oír» la voz de esta personalidad, instándonos a tener miedo, a preservarnos y protegernos, evitando las obligaciones a las que nos mueve la fe. A dudar seriamente de que sea posible confiar a plenitud de que Dios hará un buen trabajo defendiéndonos del peligro.

De acuerdo con las Escrituras hemos sido crucificados con Cristo y hemos muerto a esta vieja personalidad. De modo que ya no necesitamos ser sus esclavos ni cumplir sus mandamientos de forma irreflexiva. Sin embargo, aunque *nosotros* estamos muertos a su dominio sobre nuestra persona, la carne sigue haciendo todo lo que puede por influir en nuestros pensamientos y nuestra conducta con falsas creencias, a fin de persuadirnos a aceptar sus sugerencias y llevar a cabo sus insanos proyectos (véase Romanos 6.1-4).[3]

La meta principal de esta vieja naturaleza es empujarnos a una vida sin restricciones, *independiente* de Dios. Sin embargo, fuimos creados para vivir en *absoluta dependencia* de Dios. De la misma forma que cada automóvil se fabrica con un tanque que necesita gasolina para funcionar, cada ser humano ha sido creado con un siquismo incapaz de funcionar adecuadamente si no tiene al Espíritu Santo en él.

Cuando Dios envió el Espíritu Santo en el primer ser humano, este llegó a estar vivo, desde el punto de vista espiritual. Este primer ser humano era simple, no complejo. Tenía una sola naturaleza, un espíritu viviente, capaz de vivir, pensar, caminar, hablar y respirar con libertad, al dulce estímulo y la guía del propio Espíritu de Dios que moraba en él. El ser humano, entonces, fue diseñado y conformado de manera que *nada* podía hacer sin Dios mismo. Esta manera de vivir con Dios es la única verdadera libertad que existe en el universo. También es la extraordinaria seguridad que tenemos a nuestra disposición, la incomparable seguridad total.

«Todo lo que necesitas es a ti mismo»

La filosofía que nos predica la carne tiene otro mensaje: «No necesitas raíces. ¡Todo lo que necesitas es a ti mismo! Arranca las raíces. Podrás sustentarte solo. Dios quiere atarte, sujetarte las alas, robarte la libertad y eso es intolerable. ¡Sé independiente!».

Si elegimos serlo, nos sintonizamos con nuestro propio monólogo nacido de la carne, conducente al error. Quizás no se exprese exactamente en las palabras de la frase anterior, pero el mensaje será el mismo: autonomía de Dios.

Pero, ¿cómo se relaciona la ansiedad y la preocupación con este monólogo que nos insta a independizarnos de Dios? Digamos que somos de esas personas que se inquietan por cuestiones financieras con reflexiones como las que siguen: «¿Cómo voy a pagar estas facturas? ¡No hacen más que seguir aumentando! ¿Y si pierdo el trabajo? Es probable que sufra una quiebra y después nadie querrá darme crédito. Lo que es peor, ¿con qué cara voy a enfrentar a mis vecinos? Sería terrible y no tengo, por lo pronto, cómo evitarlo en tanto los miembros de esta familia sigan gastando mi dinero».

¿Cómo se vincula este monólogo con la autonomía respecto a Dios? Si lo analizamos, veremos que, en síntesis, implica creer que Dios no nos va a ayudar, que no podemos contar con Él y que estamos a merced de nuestros propios recursos para satisfacer nuestras necesidades. Lo que es más, da por sentado que si no encontramos por nosotros mismos una solución al problema, la situación irá de mal en peor hasta que seamos, al final, destruidos. Creando la ilusión de que estamos a cargo de nuestra propia vida y que debemos resolver los problemas por nosotros mismos, estas reflexiones crean la noción de una total autonomía de Dios.

Consideremos otro ejemplo. Supongamos que estamos bastante seguros de que Dios quiere que enseñemos en una clase de escuela dominical, pero cada vez que pensamos en ello nos ponemos tensos y sentimos un hormigueo en el estómago. Nos sentimos nerviosos. Los alumnos podrían tener mal comportamiento. Quizás no podamos controlarlos. Tal vez digamos algo inapropiado. ¡Podríamos fallar!

Si nos detuviéramos a sintonizar nuestro monólogo interior, es probable que percibamos esas y otras sugerencias provenientes, con toda seguridad, de nuestra vieja naturaleza. Pero como nos sentimos incómodos ante la sola idea de tener que enseñar, eludimos la responsabilidad y la ansiedad se desvanece. Nos sentimos mucho mejor así.

¿Alcanza a percibir cómo ha ganado la carne una escaramuza persuadiéndonos de que estamos a nuestra merced y que Dios no vendrá a nuestro auxilio? El supuesto en este caso es obvio: «Podría fracasar y, por cierto, Dios no hará nada al respecto cuando me sienta afectado y abrumado por el fracaso». La carne gana una vez más porque optamos por una maniobra evasiva con la que nos sacamos de encima la responsabilidad. Observe que no estamos diciendo que su obligación *debe* ser enseñar si se le pide que lo haga. Pero *sí* es nuestra obligación no eludir el papel a causa de la ansiedad, si sentimos que Dios en realidad quiere que lo hagamos.

La «carne» promueve falsas creencias

Para promover esa autonomía, la carne introduce la falsa creencia de que debemos sentirnos temerosos y ansiosos, que debemos preocuparnos porque estamos a nuestra propia merced. Dios no querrá o no podrá ayudarnos. Esta vieja naturaleza nos adoctrina hasta que dejamos de creer que Dios es fiel, que está de nuestro lado, que tiene suficiente poder como para mantener su promesa de protegernos en toda circunstancia. Entonces terminamos creyendo que la mejor manera de controlar nuestra ansiedad y preocupación es evitar esas personas, acciones o situaciones que nos atemorizan. Eludir nuestras responsabilidades, en lugar de llevarlas a cabo con una actitud de confianza y obediencia.

«¡*Evítalo*!», dice la carne. Este mensaje puede expresarse de muchas maneras:

- «¡No tienes que hacerlo ahora!».
- «¡No pienses en ello y te sentirás mejor!».
- «Llenar un formulario impositivo es algo demasiado complicado para ti. Quizás lo harías mal y te verías en problemas. Déjalo hasta que consigas quien te lo haga».
- «Tener una conversación frontal con José te aterra. Si logras tratarlo especialmente bien, la irritación se te va a pasar y no volverá a pedirte dinero».
- «¿Hablar de *Jesús* en la oficina? De sólo pensarlo te pone incómodo. ¿Cómo plantear el asunto…?».
- «Mejor que vayas de vacaciones donde tu madre sugiere o se enojará, y ya sabes lo mal que eso te pone».
- «Esa llamada telefónica que tienes que hacer te ha tenido molesto toda la tarde. ¿Por qué no admites que no la puedes hacer y la olvidas? Te sentirás mucho mejor».
- «No puedes confrontarlos».
- «Esto es demasiado difícil para ti. Simplemente no puedes hacerlo».
- «No puedes ir allí. ¡Tendrás un ataque de pánico y sería lo único que te faltaba!».

La carne, invariablemente nos insta a la evasión, aun si esto implica evadir una responsabilidad. Raimundo, por ejemplo, un contador de cuarenta y ocho años, me dijo que no podía trabajar. Estaba incapacitado.

¿Cuál era su problema? Por alguna razón, dijo, se ponía tan ansioso cuando trataba de hacer cuentas en los registros, que la mano le temblaba. Como no podía escribir —argumentaba, asumiendo el razonamiento de su propia carne en lugar del estímulo de su fe—, tenía que solucionar su problema de ansiedad y lo mejor era quedarse en casa hasta que se sintiera mejor. Es de lamentar que ya iba por el séptimo año de quedarse en casa y no mejoraba.

Carlos, otro paciente, seguía haciendo su trabajo a pesar de que telefonear a los clientes le producía tanto nerviosismo que, en sentido literal,
temblaba todo su cuerpo. De modo que iba a todas partes con un frasco
de diversas píldoras: tranquilizantes, barbitúricos, hipnóticos y sedantes.
Guardaba una en la boca antes de hacer llamadas conflictivas. La carne
lo había convencido de que era autónomo, que dependía de sí mismo y
que tenía que cuidar de sí mismo. Entonces Carlos recurría a las píldoras
como una manera de evadir la ansiedad.

Sandra se ponía ansiosa cada vez que se alejaba de su casa. «¿No me
habré olvidado de asegurar la puerta y cerrarla bien?», se decía. «¿Y si me
olvidé? ¡Podrían entrar ladrones! Sería mejor volver y revisar». Pero una
vez que revisaba y volvía a partir, las dudas se cernían de nuevo, así que
retornaba a revisar la puerta *otra vez*. Volvía tantas veces a asegurarse de
que la puerta estaba cerrada que rara vez llegaba a tiempo al trabajo y a
menudo ni siquiera llegaba.

Las acciones de Sandra eran, con toda probabilidad, tácticas para
evitar la ansiedad. Los sicólogos la rotularían como «perfeccionista»
y dirían que la suya es una conducta compulsiva. También dirían que,
descontando algunas drogas muy recientes, la terapia más efectiva para
Sandra requeriría que se niegue a volver y a revisar, no importa cuán
incómoda se sintiera no haciéndolo. Si lograra no volver, estaría permi-
tiendo a su fe que la motivara a avanzar y llegar a su trabajo, encargarse
de sus responsabilidades y depender de Dios en cuanto a su seguridad.

En la base de la conducta «súper responsable» de Sandra encontramos autonomía en lugar de dependencia de Dios. Se estaba haciendo
responsable de cosas que debía dejar en las manos de Él. Sólo podría
mejorar si cambiaba su inútil actitud de independencia por una dependencia confiada en Dios y una reacción obediente a su llamado.

De qué manera debilita la evasión a la fe

En una ocasión un joven «experto» en ética y moral invitó a Jesús a
discutir asuntos difíciles a fin de «probar» al Maestro. La narración del
evangelio pone en evidencia que la motivación de este hombre desde
el principio, no era una actitud nacida de la fe ni deseosa de actuar en

obediencia. Más bien, quería enredar a Jesús, atrapándolo en un juego de «y si... sí, pero...», precisamente con el propósito de *evitar* tomar una decisión. La siguiente es una paráfrasis libre, de la conversación que tuvieron, basada en Lucas 10.25-29:

- *Escriba:* ¿Qué debo hacer para vivir correctamente?
- *Jesús:* Dios ya te lo ha dicho: Ama a Dios y ama a tu prójimo.
- *Escriba:* Sí, parece simple, pero hay algunas cosas complicadas al respecto. Por ejemplo: ¿Cómo puedo saber con exactitud a quién debo amar? ¿A mis amigos? ¿A mis parientes? ¿A mis enemigos? ¿A los enemigos de Dios? ¿Quién es mi prójimo?

Jesús conocía las motivaciones del tipo. Este hombre estaba haciendo lo que nosotros mismos realizamos a veces con los mandamientos de Dios. En lugar de disponernos a obedecer de inmediato a Dios cuando lo escuchamos, postergamos la obediencia planteando interrogantes y sumergiéndonos en interminables discusiones acerca del «verdadero significado» del mandamiento. No es más que otra táctica para evitar hacer aquello que nos produce temor y ansiedad.

La actitud evasiva nunca iba a hacer del escriba una mejor persona. Al contrario, lo paralizaba espiritualmente. Recurrir a la evasión para enfrentar la ansiedad, generalmente implica: 1. La decisión de no confiar en Dios y, en cambio, declararnos autónomos. 2. La decisión de confiar en nosotros mismos y encargarnos de nuestra situación, no importa a qué precio desde el punto de vista espiritual, en el afán de reducir la ansiedad y la angustia que nos produce. 3. Un debilitamiento del estímulo de la fe, que nos instaría a demostrar el amor de Dios a nuestro prójimo de una manera viva, laboriosa y activa. En consecuencia, la evasión no puede mejorar, a largo plazo, a una persona. El camino hacia la mejoría se orienta, con seguridad, en sentido contrario y en dirección a la fe.

Considere las cosas que usted mismo está evadiendo y analice la manera en que aplica a su situación el mismo esquema que vimos en el caso de Sandra y sus «controles» para evitar la ansiedad. Quizás ha dejado de asistir a la iglesia, al peluquero, al centro de compras. Sin duda, a veces decide ignorar el mandato a la acción que promueve la fe. Si está haciendo esto, lo más probable es que no mejore. Tal vez su conducta evasiva tome la forma de un bolsillo o una cartera llena de píldoras. Acaso su coartada es enfermarse o desarrollar una «incapacidad» con escasa o ninguna base orgánica. Quizás opta por no bañarse o no cambiarse de ropa para que los *demás* lo eludan, evitando así la ansiedad que implican las relaciones interpersonales. La evasión toma muchas formas: usar una pata de conejo como amuleto, seducir a todo el que se lo permita, racionalizando y compensando su conducta de manera sistemática. Examínese cuidadosamente para no pasar por alto su propia estrategia evasiva.

Los grandes deportistas a menudo evitan la ansiedad que les produce su actuación en el estadio recurriendo a algún ritual, como usar camisetas de determinado color o acomodar la pelota de determinada forma. Wade Boggs, uno de esos jugadores, come pollo a diario. ¿En qué se relaciona esto con la conducta evasiva? Lo que hacen, por irracional que parezca, se trata en última instancia de la estrategia personal elegida para mantener a raya la ansiedad. Todas estas conductas incluyen monólogos que sofocan los mandamientos de la fe, que nos insta a ponernos confiadamente de pie en el terreno de juego y dejar el resultado en las manos de Dios, aquel que nos ama aun más de lo que nosotros mismos nos amamos.

Las consecuencias de la independencia

¿Qué tiene de malo la autonomía? ¿Acaso no educamos a nuestros hijos para que lleguen a ser independientes? ¿No nacen nuestros países como resultado de una declaración de independencia? ¿Por qué no podemos considerar la autonomía como una virtud?

No cabe duda de que la independencia puede ser en realidad una virtud si se trata de ser libre de un lazo opresivo, patológico o perverso. Pero no se trata de una virtud si lo que hace es decirle a Dios: «¡Mantente fuera! ¡Puedo arreglármelas sin ti!». Esa clase de conducta autónoma y evasiva conduce a un sinnúmero de consecuencias desgraciadas.

En primer lugar, el problema de la ansiedad y la evasión, por lo general, empeora aun cuando temporalmente parezca reducir y aun quitar las sensaciones incómodas que provoca la ansiedad. El monólogo interior de una mujer llamada Margarita nos ofrece un excelente ejemplo. Esta mujer se excusaba de sus obligaciones sociales diciéndose: «Es tan lindo pensar en quedarme sola en casa, estar tranquila, sin tener que enfrentar a otras personas. Me da cierta sensación de calidez e intimidad. ¡Y el nerviosismo desaparece!».

Pero Margarita descubrió que el alivio era temporal. Una y otra vez se le presentaban situaciones que requerían que decidiera salir, encontrarse con otros y tener trato con ellos. Cuando esas situaciones se planteaban, Margarita tenía que resolverlas. La ansiedad que experimentaba era enorme, peor aún si anticipaba que podría tener conflicto con alguna persona.

La evasión empeora las cosas porque lo que la carne llama autonomía, en realidad nos sumerge en una esclavitud peor que la anterior: La ansiedad se refuerza con las sensaciones de alivio que sentimos cuando evitamos o escapamos de una situación difícil. Además, el hábito ya instalado de escapar en vez de enfrentar las situaciones, se incrementa aun más. Este hecho, descubierto por los sicólogos en el laboratorio, rara vez es percibido por la persona ansiosa. Sin embargo, probablemente sea el concepto más significativo acerca de la ansiedad que jamás hubiéramos podido descubrir: Las *emociones positivas que experimentamos cuando escapamos de una situación que genera ansiedad, en realidad refuerzan el control que esta ejerce en nuestra vida porque, a la larga, la tornan más intensa y generalizada, al fortificar los hábitos de evasión y huida.*

En otras palabras —no responder a Dios, no enfrentar las situaciones, no testificar cuando se nos convoca a hacerlo, no hablar en representación de los desposeídos porque sería peligroso hacerlo, no ir al médico por temor al «veredicto», no asistir a la escuela cuando se pone difícil, no dormir en nuestra propia cama y en cambio hacerlo en la de mamá o papá, no dejar que la fe se muestre viva, laboriosa y activa, sirviendo a Dios y al prójimo—, decimos que la evasión, a la larga empeora nuestra situación.

El resultado final de dejar que la carne nos gobierne da lugar a una escena de desolación. Evadir y escapar se tornan más y más habituales en nuestra conducta. La fe se ahoga. El alejamiento de Dios nos empuja a un mundo donde el verdadero dios al que servimos es la ansiedad, hasta que finalmente no podemos luchar más con nuestros propios recursos de evasión y nos rendimos, dejando que el enemigo gobierne nuestra vida.

¿Y dónde podemos ir ahora?

Si ya ha llegado a ese punto o se da cuenta que se encamina hacia allí, no se desespere. Hay esperanza para usted y yace en la actitud de afirmar su confianza en Dios, hacer aquello a lo que Él lo llama y dejar todo lo demás en sus manos. Es precisamente de esa opresión de la desesperación de lo que Jesús vino a salvarnos.

No tenemos por qué cultivar la autonomía de la carne frente a Dios. Por fe en Jesús, nuestro Señor y Salvador, podemos negarnos a sus sugerencias. Si no tiene esa fe o la ha perdido, invoque a Dios y pídale que envíe su Espíritu Santo para renovarlo y restaurarlo, fortalecer y vigorizar su fe, o para darle descanso por primera vez junto con una relación personal y real con Jesucristo. Usted necesita una fe viva, laboriosa y activa, para derrotar a la carne, para renunciar a la tranquilidad temporal y vivir en cambio una vida que agrade a Dios y que venza la ansiedad, ¡para su propio bien!

Si teme que no podrá hacerlo, recuerde lo siguiente: Dios quiere y puede hacerlo en su vida. Todo lo que *usted* debe hacer es aceptar la gracia de Él y avanzar directamente a encarar la ansiedad.

¿Asusta?, tal vez. Mantenga la vista en el premio. No tiene que hacerlo todo de una vez. Pero tiene que empezar ahora mismo a cambiar de rumbo.

Capítulo 6

LAS DOS PERSONALIDADES

La anécdota que relaté en el primer capítulo, acerca del pánico que sentí cuando me sangró la nariz, debe haberle mostrado que tengo experiencia directa en el trato con la ansiedad. También debo admitir que en mis luchas con las preocupaciones y los temores no siempre he emprendido la clase de monólogo veraz que hubiera podido alimentar mi fe. Por eso me parece útil analizar con mayor detalle la conversación que se desarrollaba dentro de mí esa noche de creciente ansiedad, a medida que la sangre seguía fluyendo de mi nariz por segunda vez. Permitirá ilustrar las dos naturalezas que he descrito como parte del complejo sicológico de todo cristiano.

En primer lugar, debiéramos notar que la vieja naturaleza carnal aprovechó bien la oportunidad: «Estoy asustado», dijo. «Podría morirme ahora mismo, ¡pero no estoy preparado!». Sentí que la tensión aumentaba. Sí, es obvio que estaba ansioso, las cosas iban de mal en peor y yo no estaba a salvo. Dios no me está ayudando, pensé.

La nueva personalidad, iluminada por el Espíritu Santo, respondió: «Dios no te ha abandonado. Él sabe que estás en problemas. ¡Te va a sacar adelante como siempre lo ha hecho en todas las pruebas! Confía en Él y sé paciente. Has orado. Ahora relájate». Entonces pude sentir calma, cuando la fe ejerció su bendito ministerio.

Sin embargo, seguí sangrando, se empapó la toalla y la carne volvió a hablar: «Sigo perdiendo sangre. Querría confiar en Dios, pero he orado y nada sucede. Hay gente que muere por una hemorragia así. El doctor ya me lo dijo. Hay personas que confían en Dios y lo mismo mueren en un accidente o de una enfermedad, a pesar de orar pidiendo auxilio. No puedo estar confiado de que Dios me mantenga seguro y con vida, ahora, ¿verdad?».

Mi fe sabía cómo responder a eso: «Oh sí, sí puedo. Sé, por ejemplo, que la Palabra de Dios dice: "Caerán a tu lado mil, y diez mil a tu diestra; mas a ti no llegará" (Salmos 91.7). Por supuesto que puedo morir si es su voluntad, pero si eso ocurre será para mi bien porque sucederá en el momento apropiado. Sé que Él me estará esperando.

»Mientras tanto, lo cierto es que esta hemorragia puede detenerse y aun si no lo hace, tengo la posibilidad de ir al hospital. Lo más probable es que todo se reduzca a una molestia bastante importante y a otro gasto en la sala de emergencia. Todo lo que tengo que hacer ahora es relajarme y esperar a ver qué pasa.

»Tomaré cada cosa a su tiempo y recibiré cualquier cosa que Dios haya provisto para mí. Estoy en sus manos y todo lo que tengo que hacer es relajarme y ¡confiar en Él!». A medida que la fe hablaba la verdad en mi interior, la paz y el descanso llegaron con ella.

La vieja naturaleza no se rindió con tanta facilidad. Recurrió a un argumento tomado del pasado: «Sangré durante diez horas la primera vez y uno de los médicos no pudo hacer nada por detener la hemorragia. ¿Cómo puedo saber que esta vez será más fácil?».

Luego me recordó que no soy un gigante espiritual, sino un pecador débil e imperfecto que ha quebrantado la ley de Dios y que no está ni cerca de la consagración que caracteriza a los verdaderos santos. «¿Qué me autoriza a pensar que Dios se va a ocupar de mí como si en realidad fuese un hijo consagrado?», decía mi vieja personalidad. «Aunque la Biblia lo sostenga es probable que lo diga en sentido espiritual y las verdades espirituales son muy buenas pero esta es sangre de verdad que se encuentra manando de mi cuerpo. La verdad espiritual me puede hacer sentir bien pero no es tan real como la sangre roja y burbujeante que me sale. ¡Esa es la realidad!».

«Esto me va a matar»

Aunque mi carne no llegó a hacerlo en esa ocasión, la vieja naturaleza a menudo trata de engañarnos con datos errados. He aquí algunos:

- «Este ascensor se va a atascar entre dos pisos».
- «Esta ansiedad me va a matar».
- «No podré pagar la hipoteca; perderé mi casa y todas mis pertenencias».
- «Me van a despedir del trabajo y terminaré pobre de por vida».
- «Es indudable que tengo cáncer u otra enfermedad terrible».
- «Tengo la certeza de que dejé la manguera abierta en el rosal y se inundará el jardín».
- «Estoy seguro de que hay gérmenes peligrosos en esta comida».
- «Te apuesto a que me olvidé de cerrar la puerta y entrarán ladrones».
- «Nadie me va a querer».
- «Nunca encontraré con quien casarme».

El tema común que el enemigo repite dentro de nosotros es: «Estoy atrapado en estas malignas circunstancias. Nunca tendré un trabajo mejor que esta despreciable rutina diaria en la que me encuentro ahora. Estoy encadenado a este matrimonio y seguirá de por vida destruyéndome hasta hacerme polvo. No hay escape. ¿Dios? No veo evidencia alguna de que se interese siquiera un poquito o al menos de que quiera ayudarme a salir de esta situación. Es probable que quiera que yo sufra. ¡Las cosas no cambian nunca!».

«Es obvio que será una catástrofe»

Otra estrategia de la vieja naturaleza es hacernos aceptar una atrevida sobreevaluación de lo malo que está ocurriendo. Eso fue lo que pasó con mi hemorragia: «Es tan horrible esta hemorragia que podría significar que estoy padeciendo una de tipo cerebral y eso sería trágico».

Ejemplos de sobreevaluación de otras personas:

- «Cuando el ascensor quede atascado nadie me va a rescatar y me voy a asfixiar».
- «Si me muero, será horrible. La muerte es algo espantoso».
- «Si no supero esta terrible ansiedad me volveré loco, me encerrarán y tirarán la llave».
- «Tengo la absoluta seguridad de que esto terminará en una tragedia porque de lo contrario no me sentiría tan terriblemente mal».

«Siéntase cómodo»

Hasta las tácticas de evasión y huida son resultado de las falsas creencias de nuestro monólogo interior. Decimos (o suponemos) cosas como las que siguen: «Es la autoayuda lo que saca adelante a las personas. Por cierto que nadie más se va a ocupar de mí, de modo que debo ocuparme sólo de mí mismo. Por supuesto, soy débil e indefenso, de modo que debo evitar correr riesgos. Tengo que evitar la ansiedad, de modo que esperaré una oportunidad segura. Es mejor que me mantenga alejado de cualquier cosa que me ponga un poco nervioso. Es esencial que me sienta tranquilo. ¡La intranquilidad es señal segura de peligro!».

La evasión es un mecanismo autosugerido y autodesarrollado para manejar la ansiedad. Como tal, en situaciones en que el peligro es apenas perceptible, sólo empeora las cosas más y más.

A veces, en especial cuando la ansiedad se vuelve realmente problemática o cuando la evasión llega a ser un esquema dominante de manejo de la ansiedad, el autoexamen le revelaría que la fe se ha vuelto un tanto inactiva. «¿Dónde está vuestra fe?», reclamó exasperado Jesús a sus temblorosos discípulos cuando se mostraron aterrados frente a la tormenta (véase Lucas 8.22-25). Quizás a veces nos diga lo mismo a nosotros.

Es decir, cuando sólo penetramos a medias en nuestra reflexión interior generadora de ansiedad, comparándola y desafiándola con la verdad que la fe conoce bien. A veces la fe puede intentar una reacción, pero es demasiado débil. O se resigna y permite que no se crea en ella, coincidiendo entonces con el enemigo que dice: «Para empezar, si tu fe valiera de algo no te sentirías tan ansioso».

Cuando la fe vence

Si la fe ha de vencer, debe incluir la voluntad de triunfar por medio de la verdad en contra de las insinuaciones, orientaciones erradas y falsas creencias introducidas por la carne. Cuando tuve la hemorragia, por ejemplo, mi fe no se dejó abatir, aunque debo reconocer que en otras ocasiones también he permitido que la incredulidad y las falsas creencias tengan la última palabra, con penosas consecuencias.

La fe casi siempre se nutre de la Palabra de Dios, porque sólo allí se puede encontrar una verdad inamovible en lugar de las falsas panaceas. En aquella ocasión, mi fe sostenía que Dios no había dejado de amarme ni de intervenir activamente en mi vida ni de darme lo mejor en cada circunstancia. Insistía en que si Él veía apropiado que viviera este trauma, obviamente angustiante y desagradable, tenía todo el derecho de hacerlo. No sólo eso, sino que yo podía y con toda seguridad recibiría un bien a través de la situación, tal como garantizaba en su Palabra. De manera que cuando el Señor y yo hubiéramos salido de ese trance, no sería para mi mal sino para mi absoluto bien.[1] La fe y su verdad finalmente prevalecerían y yo podría sentir profunda paz, quietud y calma.

No cabe duda de que su vieja naturaleza podría objetar el hecho de descansar en la Palabra de Dios («sólo palabras») en lugar de apoyarse en «algo más sólido». Recientemente, por ejemplo, mientras enseñaba en un grupo acerca de cómo vivir en salud por medio de la verdad de las Escrituras, un hombre me interrumpió para objetarme. Estaba cansado de tener que seguir sólo basado en *promesas*.

«Quiero una demostración del poder y la justicia de Dios», dijo. «Necesito confiar en Él ahora como nunca antes, pero no lo hago. Por años he creído en su Palabra, pero ahora quiero ver hechos que respalden lo que dice. ¿Qué puede sugerirme al respecto?».

Le sugerí a este hombre que se apegara a la Palabra de Dios y a sus promesas. Tenía que rechazar con fe las engañosas insinuaciones de la carne que le decían que Dios «sólo habla pero no actúa».

La fe se basa en la Palabra

La fe, si es viva, laboriosa y activa, se mantendrá en la verdad de que Dios *va* a actuar, pero nunca se aferrará a frases superficiales. Nos puede recordar que Dios nunca nos ha abandonado, sino que por el contrario, nos ha acompañado en las circunstancias más opresivas. Hasta puede declarar que Dios quizás permita que perdamos algunas escaramuzas, que aun suframos importantes pérdidas, pero que Él transformará la experiencia total en una victoria de significado eterno.

En todo caso, puesto que la fe está cimentada en las Escrituras y no en nuestra propia experiencia —*aun si esas experiencias hubieran incluido magníficos triunfos*— sus argumentos nacerán de la Palabra de Dios. Es en ella que encontramos los hechos poderosos y efectivos acerca de Dios y su postura hacia nosotros expresada en términos pronunciados por Él mismo. Por medio de esas palabras, el Espíritu Santo opera como una corriente eléctrica a través de un cable de alta tensión y llega a nosotros con la verdad, fundiéndola dentro de nuestro ser, llamando a la verdad que hay en nosotros para que viva de la misma forma que Jesucristo se levantó de las frías garras de la muerte a una poderosa resurrección triunfal. Allí, en la resurrección del propio Cristo, Dios ha respaldado sus palabras y promesas con acción. La fe nos asegura: Un Dios que hace eso no puede mentir.

Tres hechos poderosos acerca de la fe

Basándose en esa misma Palabra, la fe nos recordará una cantidad de poderosas verdades que pueden vencer las falsas creencias que nos producen ansiedad. Entre ellas hay siete verdades que son fundamentales:

I. *Dios es lo suficiente poderoso como para hacer lo que desee, de modo que no hay ningún mal que Él no pueda detener y aun erradicar de su universo si así lo decide.*

Quizás hayamos escuchado últimamente que esto no es así en realidad, que Dios es muy poderoso pero no lo suficiente como para derrotar de manera definitiva a Satanás y a las obras del mal. Sea que lo hayamos leído en los libros de autores bien intencionados o lo hayamos escuchado de labios de bien intencionados predicadores, no deja de ser una mentira que puede provocarnos inseguridad.

De modo que debemos dejar que nuestra fe nos lleve de nuevo a la verdad. Cristo ya ha vencido los poderes del mal y nosotros poseemos su victoria por fe, por lo tanto derrotaremos esos poderes (véanse Efesios 6.16; Colosenses 2.15; Mateo 28.18).

2. *Dios nos ama, no importa lo pecadores, débiles e impotentes que podamos sentirnos.*

El amor de Dios no disminuye ni se acaba. Aun si permite que suframos, ese amor está respondiendo a una necesidad que no sabíamos que teníamos. Él no permitirá que suframos más de lo que sea necesario para cumplir los propósitos que tiene para nuestro bien.

Quizás nos hayan trasmitido la idea de que Él es una fuerza impersonal, que en realidad no se preocupa por cosas ínfimas como nosotros o que ama a algunas personas pero no a nosotros que somos malos y vulgares. Dondequiera que hayamos escuchado que Dios no puede amarnos por cualquier motivo, eso es mentira. Jesús vino al mundo para mostrar y declarar el ilimitado amor de Dios por el mundo, por los pecadores, por las personas comunes como nosotros (véanse Lucas 15.1-32; 1 Juan 4.9-10,16).

3. *Aun si nuestras circunstancias no se modificaran, ni pareciera que exista la posibilidad de que así sea, debemos permitir que Dios sea Dios y avanzar con Él, no contra Él.*

Aun si los médicos dicen que la artritis que padecemos no va a mejorar en absoluto o que la incapacidad que tenemos va a ser permanente, incluso si enfrentamos lo que parecen ser limitaciones masivas y adversidades invencibles, y tenemos deseos de tomar a Dios como una especie de papá Noel que nos dé cualquier cosa que pidamos, la fe responderá por duro que nos resulte que Dios es Dios.

Amy Carmichael fue una incansable misionera que consagró su vida a servir a Dios en India. Un día sufrió una terrible caída que ocasionó que nunca más pudiera dejar la cama o la silla de ruedas. Pero por fe llevó a cabo un extraordinario ministerio mundial: Se liberó en ella una fuente burbujeante de fortaleza que alcanzaba a otros por medio de sus escritos, a medida que expresaba sus sorprendentes hallazgos personales acerca de un Dios tierno, protector y personal.

¿Sus circunstancias no resultan en absoluto prometedoras? ¡Escuche! Preste atención a la fe que nace del Espíritu Santo y viva en sus verdades.

4. *Nunca nos vamos a sentir mejor recurriendo a la evasión y la huida.*

Es cierto que nos *sentiremos* mejor al principio, pero sólo logran que nuestra ansiedad crezca y empeore. En cambio *podemos* creer en el amor de Dios aunque aparentemente no lo sintamos. *Podemos* enfrentar nuestras circunstancias diciéndonos a nosotros mismos la verdad y marchando adelante.

Sea agresivo. No deje que la ansiedad lo fustigue. ¡Manténgase en su fe!

Ahora es el tiempo de ponerse a trabajar. Si elige hacer algo más afectivo contra la ansiedad, el primer paso podría ser empezar a registrar todo lo que percibe que le produce ansiedad o toda situación en la que se descubra evitando algo *porque le produce ansiedad*. Por ahora sólo se trata de un comienzo. Quizás no se descubra en todo. Algunos hábitos evasivos han sido mantenidos por tanto tiempo que se han enraizado profundamente, al punto de que quizás ni siquiera reconozca lo que en realidad son.

Más adelante, a medida que vayamos avanzando, aprenderemos más acerca de las diversas clases de ansiedad y evasión. Pero, por ahora, cómprese un cuadernito y anote todos los episodios de preocupación, ansiedad y evasión de los que tenga conciencia. Luego sintonice su propio monólogo interior y responda las siguientes preguntas, anotando sus respuestas:

1. ¿Qué es lo que está diciendo la vieja naturaleza para atacar mi fe? Necesito percibir dos falsas creencias, la referente a los hechos y la relacionada a la sobreevaluación.

2. En contraste, ¿qué es lo que está diciendo mi nueva naturaleza de fe?

3. ¿Cuál de estos monólogos tiene más influencia sobre mis acciones y emociones?

4. ¿En qué medida estoy procurando evitar todo el tema, al punto de que mi vieja naturaleza me persuade a no molestarme en mantener un registro de los hechos y a detectar su presencia y papel en mantenerme ansioso y evasivo?

Sintonice su monólogo y perciba lo que está ocurriendo dentro de su propia cabeza. Si lo hace, ¡será un extraordinario comienzo!

Capítulo 7

LAS VERDADERAS CAUSAS
DE LA ANSIEDAD

Una nota en el casillero de la oficina me informaba que Ronald había telefoneado. Recordaba haberlo visto una vez, un par de semanas antes. Ronald estaba seguro de necesitar sicoterapia a causa de su ansiedad y su depresión.

El mensaje rezaba: «Sólo quería que supiera que hice el examen médico que me sugirió. El doctor dice que tengo problemas en la tiroides y que quizás estos sean la causa de mi ansiedad. Me dio unos medicamentos y piensa que eso solucionará todo. ¡Gracias por la sugerencia!».

Si usted tiene ansiedad y desconoce sus causas, en algún momento tendrá que hacerse un examen médico. Tome en serio la experiencia de Ronald... ¡y no haga conclusiones apresuradas! Sólo por el hecho de sufrir una ansiedad más intensa de lo común en las personas, no tiene que suponer que la fuente del conflicto sea sicológica o espiritual. Puesto que la causa que origina la ansiedad tiene influencia sobre la adecuada elección del tratamiento, es importante determinar previamente cuál pueda ser.

Consideremos en primer lugar, algunas de las fuentes de ansiedad. Luego estará en mejores condiciones para comprobar lo necesario que es realizar una evaluación cuidadosa de todas ellas, antes de decidir cuál puede ser la causa de su ansiedad en particular.

Problemas reales

Aunque es más frecuente que el origen de la ansiedad sea sicológico, en ocasiones puede ser el resultado de un problema fisiológico. Si nuestros nervios, histeria, temores o el estado de continua alteración del sistema neurovegetativo nos mantienen atormentados y la causa radica en desórdenes en el metabolismo, las hormonas o las toxinas, sería inapropiado pasarse un año rastrillando las falsas creencias, buscando vanamente al villano.

Recuerdo a Juan, un paciente al que su siquiatra no debió referirme para hacer sicoterapia. Como médico debió haber investigado primero, si el miedo de asfixiarse tenía en Juan una explicación orgánica. Pero hasta los mejores médicos, como todos los seres humanos, fallan en ocasiones al poner en práctica lo que saben y este muy buen médico pasó por alto lo que para él debió haber sido una posibilidad evidente.

Al contrario, el doctor le recetó a Juan un tranquilizante y lo refirió a mi consultorio para que recibiera tratamiento sicológico. Después de varias sesiones sin mejoría Juan, enfadado con ambos, consultó a un neurólogo. Este analizó correctamente la situación y diagnosticó miastenia severa, una enfermedad muscular que puede llevar a la muerte si no se trata apropiadamente. Una vez que Juan tuvo una atención adecuada, la ansiedad desapareció.

Carlos era un negociante de escasa educación, que vino a consultarme por su ansiedad y depresión. Durante la primera entrevista supe que le habían recetado un diurético para contrarrestar la alta presión sanguínea y que no había estado tomando el suplemento de potasio como le había indicado el médico. Una vez que entendió la importancia de compensar el potasio, que eliminaba con el diurético, empezó a tomarlo metódicamente y los síntomas «nerviosos» desaparecieron rápidamente.

Angelina había sido tratada por agorafobia (el miedo a estar lejos del hogar, en un espacio abierto y no contar con recurso alguno de auxilio) y ataques de pánico, hasta que le diagnosticaron hipoglicemia. Una dieta apropiada virtualmente barrió con su ansiedad.

La sensación crónica de debilidad temblorosa que tenía Roberto era provocada por un bajo nivel de *hemoglobina* (no tenía suficiente hierro en la sangre).

Ahora que hemos considerado algunas de las causas somáticas de la ansiedad, debo admitir ciertos temores. Francamente, temo que muchos de mis lectores intenten tratarse por «falta de hierro en la sangre», «hipoglicemia» o «deficiencia de potasio», porque lo que acabo de decir los ha convencido de que su ansiedad también tiene causas orgánicas y cederá a los medicamentos. De modo que le ruego que tome en cuenta los siguientes datos:

1. La mayoría de los casos de ansiedad no responden a causas médicas. Estos casos son relativamente escasos.
2. Los ejemplos citados son apenas un comienzo del listado de posibles enfermedades físicas que podrían estar asociadas con la ansiedad.
3. Es esencial consultar a un médico para descartar esas posibilidades y no hacer su propio diagnóstico ni diseñar su propio programa de terapia. Recuerde: «Automedicarse es estar en manos de un falso médico».

Refuerzos sicológicos y espirituales

La mayoría de los problemas, relacionados con la ansiedad y la evasión, nacen en semilleros sicológicos y espirituales. He aquí algunos de los suelos en que con facilidad germinan tales desórdenes:

Conflictos conscientes e inconscientes. Tener motivos muy fuertes para elegir a la vez dos objetivos incompatibles, produce mucha incomodidad. Por ejemplo, Ingrid quería hacer una visita al hogar de su familia en Noruega, pero a la vez sentía que el Espíritu de Dios la impulsaba a contribuir con su dinero a las necesidades de los pobres, hambrientos y desamparados. En realidad, quería usar su dinero de las dos formas, pero no tenía lo suficiente como para satisfacer sus dos anhelos.

Ese es un verdadero conflicto. El solo hecho de estar atrapado en el dilema puede poner muy ansiosa a una persona. Pero Ingrid oró al respecto, conversó con su pastor e hizo una decisión que resolvió su dificultad. La molestia y la ansiedad enseguida desaparecieron.

¿Qué ocurre si los deseos de una persona, a diferencia de los de Ingrid, implican algo vergonzoso, demasiado atroz como para que se atreva a enfrentarlo? Maritza quería escapar de la carga que significaba cuidar a su pequeño bebé. Pero también quería que su familia y sus amigos tuvieran un buen concepto de ella. A diferencia de Ingrid, Maritza no podía enfrentar su conflicto, porque abandonar a su esposo y al bebé, hubiera sido pecaminoso y atroz.

Una mañana, al despertarse, Maritza no podía mover las piernas. No encontraron ningún problema de índole neurológico. Lo que ocurría es que había encontrado la «solución» a su conflicto, que le evitaba la ansiedad. De forma inconsciente estaba evadiendo todo el problema del bebé al quedar incapacitada para levantarse de la cama.

Casos como el de Maritza eran comunes antes, pero son más raros hoy. Para ser sincero, he inventado el relato, porque nunca he visto un paciente en esa situación. Hay otros conflictos inconscientes que subyacen a algunos casos contemporáneos de ansiedad. Pero son mucho más frecuentes los conflictos *conscientes* que el paciente tiene temor a enfrentar y decidir.

Conflictos, como los siguientes, son comunes y la mayoría de las veces no tenemos mucha dificultad en resolverlos: «¿Me casaré con Carla o no?». «Quiero prepararme como programador de sistemas pero me dicen que el mercado está ya saturado, de modo que sería mejor estudiar ingeniería». «La compañía quiere que nos trasladamos a Texas, pero todos nuestros amigos y parientes viven en Miami. ¿Qué debo hacer?». «¿Deberíamos ahorrar este dinero o cambiar las cortinas y los muebles de la sala?». Dilemas como estos pueden llegar a trabar indefinidamente a algunas personas y generar enormes montos de preocupación y ansiedad.

Condicionamiento. Quizás haya escuchado la historia del clásico experimento de John B. Watson en 1920, con un niño llamado Alberto. Exponiendo a Alberto a un ruido fuerte y repentino, mientras el pequeño jugaba con un conejo, Watson y su auxiliar, Rosalie Rayner, hicieron que el niño desarrollara, primero, temor a las ratas y luego, a cualquier objeto peludo. Watson explicó la ansiedad adquirida por Alberto en presencia de criaturas peludas como un proceso de «condicionamiento».[1]

La mayoría de las personas han leído acerca del gran fisiólogo ruso Pavlov y sus perros. Pavlov realizó experimentos con el reflejo de la saliva, que hace que el perro empiece a babearse cuando ve o huele comida. Descubrió que con sólo hacer sonar una campanilla, antes de distribuir el alimento a los animales, se adquiría pronto el poder de hacer liberar saliva al perro, aun si no se le daba comida. Después, otros demostraron que hacer sonar la campanilla antes de infligir un sufrimiento al animal, llevaría a este a mostrar ansiedad en el momento en que sonara la campanilla, sin esperar a que se produjera el hecho doloroso.

De esta forma, Pavlov confirmó una ley del comportamiento humano: Si algo sonoro, que al comienzo no produce ninguna reacción especial (un «estímulo neutro»), se presenta reiteradamente a una persona, junto con un estímulo eléctrico doloroso que provoca una reacción (un «estímulo no condicionado») la persona responderá a la presencia del estímulo neutro de manera similar a la reacción producida por el estímulo no condicionado. Ahora el sujeto se asustará al sonido aunque no reciba la descarga eléctrica.

En la actualidad, los sicólogos dan por sentado que algunos casos de ansiedad se han generado a través del proceso de condicionamiento, no como resultado de un experimento, sino de circunstancias en la vida que van asociadas entre sí. Muchos de nosotros hemos recibido castigos dolorosos asociados a ciertos objetos, personas, palabras o pensamientos. De esta forma hemos sido condicionados a responder con ansiedad cuando nos encontramos con objetos, personas, palabras o pensamientos similares. Así es como adquirimos ansiedad por condicionamiento.

Luis, por ejemplo, era un conductor de ómnibus que se abalanzó, en una intersección, contra un automóvil que pasó en luz roja. Se le hizo muy difícil conducir después del accidente. Su ansiedad era condicionada y respondió favorablemente a un tratamiento que incluía técnicas de descondicionamiento.

Olivia tenía miedo de nadar, inclusive en la parte baja de una piscina. Había adquirido su ansiedad cuando tenía siete años y sus hermanos mayores la atormentaban sujetándola bajo el agua. Su conducta al evitar el agua era debido a una ansiedad condicionada.

Una vez le produje un rechazo condicionado a una mujer, asociando la bebida alcohólica con descargas eléctricas en su brazo. Muy pronto desarrolló un intenso deseo de mantenerse lejos de las bebidas alcohólicas, como producto de una conducta evasiva condicionada. Fue algo positivo, porque casi había arruinado su vida por el abuso del alcohol y ninguno de los tratamientos, que intentó en reiteradas ocasiones, había tenido éxito.

Otras personas que actúan como modelos. Imitar las conductas de nuestros modelos es una forma típica de adquirir ciertos comportamientos, incluida la ansiedad. Por ejemplo, cuando estudiaba en la universidad elegí algunas personas como modelos, por lo general, a los profesores que admiraba. No decidí de manera consciente y deliberada tratar de hablar, razonar y gesticular igual que mi profesor favorito de homilética, R. R. Caemmerer. Sin embargo, inconscientemente desarrollé un estilo de comportamiento que imitaba de modo tan obvio el suyo, que mis amigos reconocieron fácilmente lo que ocurría, mucho antes de que yo lo advirtiera.

¿Tuvo un progenitor, pariente cercano, maestro favorito o amigo, que siempre estaba tenso y preocupado, que anticipaba siempre lo peor, que era excesivamente cauteloso, un «manojo de nervios»? Si es así, es probable, según cómo se hubieran dado las circunstancias, que haya aprendido de su ansiedad y conducta evasiva de manera inconsciente, imitando a esa persona.

Lo que oímos. Los mensajes verbales que se trasmiten con expresiones vocales o faciales, temerosas o atemorizantes, pueden acostumbrar a las personas a conducirse de manera ansiosa y evasiva. «No toques los picaportes, Juanito», dice un padre. «¡Están llenos de microbios! ¡Podrías enfermarte!». Así fue como algunas personas excesivamente cautelosas «aprendieron» su irracional temor a la tierra, a los gérmenes, a las enfermedades.

Muchas otras ansiedades pueden aprenderse de la misma forma, debido a advertencias bien intencionadas por parte de otras personas ansiosas y evasivas en exceso: «¡Griselda, no puedes salir así vestida de la casa! ¿Qué van a pensar los vecinos? No querrás que crean que tu familia es descuidada, ¿verdad?». «¡Nunca dejes que alguien se entere que tu madre y yo hemos discutido! No queremos que piensen que nuestra familia tiene problemas». «Tomás, piensa cuidadosamente antes de hablar o la gente pensará que eres un bobo».

Producción de hipótesis. A veces inventamos la ansiedad que engendra falsas creencias en nuestro interior. Para decirlo de otra forma, aunamos nuestras facultades de pensar y razonar a los susurros del padre de mentiras, Satanás, y obtenemos como resultado falsedades atemorizantes. Nos decimos en forma reiterada estas falsedades y declaraciones incorrectas, hasta que llegamos a vivir evadiéndolo todo y siguiendo esas mentiras de manera sistemática y hasta inconsciente.

Para entender por qué Susana se sentía ansiosa, cuando se encontraba cerca de un hombre, tenemos que considerar sus primeras experiencias infantiles y cómo fue que construyó sus hipótesis:

¿Qué otra cosa podría haber hecho siendo una niña de siete años?, ¿qué presenciaba, muda y aterrada, cada vez que la madre furiosa fustigaba otra vez con palabrotas al amado padre de la niña? ¿Por qué él no hacía nada, aunque al menos fuera contestarle? ¿Por qué no hacía otra cosa que achicarse y aceptar sus agresiones?

A los ojos de la niña, la ira de su madre debía ser algo muy poderoso, puesto que lograba intimidar a un hombre grande y fuerte como su padre. De modo que Susana creció sintiendo cada vez más angustia y temor respecto a estos episodios que para ella eran, en un sentido, peores que un castigo físico, a pesar de que rara vez era el objeto de las agresiones de su madre.

Al tratar de armonizar en su mente infantil las piezas de ese rompecabezas, Susanita generalizó a partir de su experiencia y llegó a la conclusión de que, al igual que su padre, todos los hombres eran impotentes cuando se veían frente a la salvaje ira femenina. Luego dedujo que la ira era algo atroz y que siempre producía daño a los demás.

Así que se volvió ansiosa, no sólo respecto a los accesos descontrolados de su madre, sino también a sus propios sentimientos de ira. Ella era mujer y por lo tanto su ira también era seguramente horrible, brutal, un arma dañina, que debía ser reprimida a cualquier precio. Susana evitaba la ira reprimiendo todo impulso hostil, en especial hacia personas del otro sexo.

En consecuencia, las relaciones que tuvo Susana con hombres, estaban marcadas por su propia ansiedad. No era a los hombres a quienes temía. Era a su propio potencial destructivo imaginario.

Observe que nadie tuvo que alimentar esas falsas creencias en Susana. Ella misma las elaboró (con la cooperación del diablo), en un esfuerzo por manejar una situación conflictiva.

Identifiquemos, entonces, cómo fue que Susana generó esas erróneas hipótesis, para resolver situaciones dolorosas en su hogar. Ella se dijo lo siguiente:

1. La ira es destructiva, en especial la femenina, particularmente para los hombres.

2. Puesto que soy mujer, cualquier sentimiento de enojo que tenga es terrible y dañino. De modo que no debo permitirme jamás sentir ira hacia un hombre.

3. Si siento enojo hacia un hombre, podría llegar a ser una persona peligrosa como mi madre, un ser horrible. De manera que no debo sentir hostilidad hacia los hombres en absoluto, no importa qué hagan.

Esos falsos conceptos y el monólogo al que inducen, ayudaron a generar los conflictos de ansiedad que tenía Susana en sus vínculos con personas del sexo opuesto. Por esa razón, el principal objetivo de su tratamiento, para superar la ansiedad y la evasión de los hombres, era reemplazar esas falsedades con la verdad.

Apuntalamiento espiritual. El *temor* es algo natural. Es un importante sistema de advertencia incorporado para proteger a las criaturas de Dios frente a peligros reales. Pero la *ansiedad,* esa que es patológica o dañina de temer cosas que no son una verdadera amenaza, surge porque Satanás pervierte la invención extraordinaria que es el ser humano libre. Los engaños del diablo, que distorsionan el maravilloso diseño de Dios, introducen mentiras en la mente humana con el fin de crear y mantener la ansiedad, y la consecuente actitud de evasión a Cristo, nuestro Rey. En consecuencia, eludimos aquello que Dios nos ha llamado a hacer o evitamos ser lo que Dios nos ha llamado a ser, porque nos hemos llenado de temores a causa de nuestro errado monólogo.

Sintonice ahora mismo el monólogo con el que su vieja naturaleza pecaminosa quiere controlarlo. ¿No se parece a lo siguiente?

- «Probablemente morirás, quedarás inválido, maltrecho, paralítico».
- «Es más que seguro que volverán a rechazarte y no lo soportarás».
- «No podrás hacerlo (o hacerlo bien, o sin ninguna falla, o tal como lo hace alguna otra persona) y eso significa que no vales nada».
- «Saldrás perdedor y eso significa que no tienes ninguna habilidad».
- «Eso te va a herir».
- «Te pondrás muy ansioso y tenso otra vez, si tienes que hacer aquello, y esos sentimientos son insoportables».

Cuando presta atención a su propio monólogo, al acosarlo la ansiedad, ¿logra percibir que esas nociones son falsas? Lo más probable es que *no* lo maten, mutilen o dejen maltrecho e inválido, ni lo rechacen o hieran. Aun si todo eso ocurriera, Dios se hará cargo de usted y nada puede quitarle la seguridad que ofrece su mano amorosa de Padre. Es probable que usted *no* esté incapacitado para hacer tal o cual cosa, que *no* lo haga mal, que *no* lo hará peor que otros y aun si lo hiciera, eso *no* significa que usted no vale nada. Quizás *no* salga perdiendo pero, si ocurre, eso *no* significa que carece de habilidad. Tal vez se sienta ansioso, pero si sucede, *podrá* superarlo.

¿Logra reconocer cuál es la intención del eterno enemigo? Él quiere que usted no haga lo que Dios lo ha llamado a hacer, ni quiere que sea lo que Dios lo ha llamado a ser. Satanás quiere que camine sin fe y que esta quede encerrada en meras palabras, palabras… solamente palabras. Debe acabar con esta conducta de ansiedad y evasión que nacen de una fuente destructiva, demoníaca, carnal… y entonces será libre para vivir a plenitud su fe. Eso es precisamente lo que vamos a procurar juntos, a medida que progresemos en la lectura.

Capítulo 8

¿CUÁN LIBRE QUIERE SER EN REALIDAD?

En el extraordinario poema épico *El paraíso perdido,* de John Milton, se describe al rebelde Satán acomodando su visión a la tenebrosa oscuridad del infierno. Él y su séquito maléfico acaban de ser expulsados a las sombras infernales por el soberano Señor de los cielos. A pesar de estar en la condenación misma, se muestran insolentes y rebeldes, decididos a saludar los horrores de la perdición, a sacar partido de su recién obtenida libertad y su anhelada separación del Todopoderoso. Satanás murmura a sus demoníacos seguidores: «La mente es quien gobierna. Ella sola puede hacer del cielo un infierno y del infierno un cielo».

No coincidimos con Satanás en que la mente pueda hacer que la condenación resulte tan gloriosa y gozosa como la salvación. Pero en esto, como a veces ocurre, el diablo declara cosas muy cercanas a la verdad: La manera en que pensamos, acerca de nuestras circunstancias, puede hacer que estas se parezcan mucho al infierno o al cielo. Nuestra manera de pensar puede transformar las condiciones de nuestra vida de miserables en saludables, de estériles en fructíferas, por medio de la disciplina, del refinamiento y del crecimiento espiritual.

Esto es especialmente cierto si el problema que nos aqueja es la ansiedad. De hecho, si estamos sufriendo excesivas radiaciones de ansiedad, ya hemos experimentado la manera en que la mente puede torcer el rumbo de las cosas, transformando, por nuestra manera de considerar las circunstancias, lo que es un paraíso en casi un infierno, escenario de pensamientos y sensaciones tormentosas.

¿Cuánta libertad podemos esperar en realidad?

Si usted ha llegado a percibir la libertad que puede darle la verdad y quisiera experimentar esa emancipación nacida de la verdad, seguramente estará ansioso por leer acerca de cómo puede transformar ese infierno de ansiedad en un paraíso de seguridad. Empecemos por tener una charla franca y sobria acerca de cuánta mejoría puede llegar a esperar. ¿Puede realmente adquirir suficiente libertad como para sobreponerse a su angustiante ansiedad e intranquilidad?

No lo logrará si piensa que, para tener paz, Dios debe quitar primero todas las amenazas, las situaciones que lo intranquilizan y los peligros que hubiera en su vida. No, si exige que le garanticen que con sólo creer correctamente, nunca se encontrará con rechazos, pérdidas, desilusiones, sufrimientos o enfermedades.

En una reunión de la iglesia a la que asistí recientemente, la conversación incluía algunas propuestas radicales para realizar grandes cambios en el programa de la iglesia, en su organización y liderazgo. Una mujer que se había criado en la iglesia se puso de pie. Las lágrimas surcaban su rostro y habló con ira.

«¡Esto me disgusta profundamente!», dijo sollozando. «¡Lo que la gente está *diciendo* es sencillamente terrible! ¡Quiero que esta discusión termine ahora mismo!». Pretendía que la gente dejara de proponer ideas que a ella le resultaban perturbadoras y creía que las propuestas debían eliminarse sólo porque ella lo requería.

Quizás usted sepa controlar su lengua y se considere más progresista que ella. Pero piense por un momento. ¿Integra esa enorme muchedumbre cuyas expectativas se parecen a las exigencias de esta mujer?

¿Se dice a sí mismo que Dios, los otros y usted deben eliminar toda amenaza, peligro y hasta emoción intranquilizante? ¿Piensa que, a menos que esté asegurado contra toda posible desgracia, no podrá tener un instante de paz? ¿Se dice a sí mismo: «No tengo otra alternativa que afligirme, porque puede sucedernos algo malo, a mí o a los míos»?

«Insisto: No más ansiedad»

¿Pretende vivir en una especie de burbuja inviolable, como precondición para ser feliz? Así era como lo percibía una de mis pacientes. «Debo curarme absolutamente de mi ansiedad y no volver a sentirla jamás», decía. «Entonces y sólo entonces, intentaré ir otra vez a un sitio donde haya mucha gente». Creía que a menos que hubiera logrado rodearse de una muralla acerada que la protegiera de todo lo que la disgustaba, no tenía otra alternativa que sentirse miserablemente preocupada, ansiosa, tensa. Creía que le era imposible correr riesgos y confiar en Cristo de manera incondicional. Esperaba primero estar totalmente liberada de la ansiedad, según imaginaba que tenía derecho a estarlo.

«¡Caminaré en medio del peligro!».

Su expectativa era absolutamente utópica. No hay manera de vivir en el mundo sin que los cambios nos sorprendan. Si usted sueña con el día en que no tendrá que enfrentar ningún riesgo, ¡olvídelo!

¿Ha observado alguna vez las fotografías de nuestro planeta enviadas por la sonda espacial? Allí se ve al planeta Tierra como un punto frágil, pequeño, de apariencia insignificante, una mota de polvo a la deriva, en el vasto océano del espacio.

Si la Tierra es un puntito, ¿qué somos usted y yo? Vistos a escala, somos gorgojos microscópicos, microbios rodeados por fuerzas enormes del universo, presentes en la atmósfera, el clima, las mareas, el viento, el agua, los terremotos, las sequías, el calor y el frío. Los gérmenes infecciosos pululan alrededor nuestro, algunos desconocidos aún y otros imitando en este mismo instante a formas más letales, que podrían liquidar nuestra especie.

Aun si tomásemos todas las precauciones, el cáncer, las enfermedades cardíacas y el SIDA, podrían matarnos. Las tragedias aéreas, los asesinatos callejeros, un conductor ebrio o drogado, la caída de un puente o de un edificio, podrían hacernos desaparecer, no importa lo precavidos que fuésemos.

El mundo está plagado de colapsos financieros, armas nucleares, hambrunas, pobreza, esclavitud, gobiernos hostiles, guerras, explosiones, incendios, tornados y huracanes. Nuestro corazón late sólo porque un leve impulso eléctrico lo estimula. ¿Y si el circuito fallara?

En cuanto a nuestros amigos y seres queridos, cualquiera de ellos podría morir en cualquier momento. Nuestros hijos podrían rebelarse o ignorarnos. Nuestro cónyuge podría tener un romance ilícito. Nuestros seres más queridos podrían negar a Dios, suicidarse o traicionarnos. Nosotros mismos moriremos algún día. No tenemos dónde escondernos.

Si nuestra pretensión es asegurarnos contra todo tipo de riesgos, cambios o molestias, sería mejor que enfrentáramos la verdad: no podemos hacerlo.

¿Puede vivir sin ansiedad?

Tampoco es posible para la mayor parte de la gente vivir sin sentir cierto grado de ansiedad. No podemos pretender tener éxito, si planeamos nuestra vida con la idea de eliminar totalmente la ansiedad. Podemos y debemos aprender a soportarla, porque es parte de la vida. Si es verdad que vivimos en medio de enormes y tantos peligros, ¿cómo pretender no sentirnos jamás ansiosos? Cualquier persona cuya vida sea en algún grado interesante, tendrá que encontrarse a menudo con experiencias nuevas y desafiantes.

Todo esto es mucho más cierto respecto a la vida cristiana. Sin embargo, me temo que mucha reflexión teológica bien intencionada, instiga en nosotros la idea de que al hacernos cristianos obtenemos una póliza contra el fracaso, la enfermedad, el rechazo y la muerte.

Jesús no habló así. Él no dijo que la vida del cristiano sería absolutamente más segura que la del no cristiano o que estaríamos protegidos de la realidad, entre el nuevo nacimiento y el momento en que llegáramos al cielo. En realidad, dijo exactamente lo contrario.

Jesús advirtió acerca de las desagradables consecuencias que tendrían cuando le siguieran, tales como la persecución, el rechazo y la cruz. Dijo que debíamos negarnos a nosotros mismos y abandonar nuestros recursos de protección (véase Marcos 8.34; 10.21, 29-30). «Cuando Cristo llama a una persona —escribió Dietrich Bonhoeffer— lo llama a morir».[1]

El gran apóstol Pablo no nos dice que haya vivido en éxtasis permanente por el éxito de su ministerio, sin padecer una sola preocupación. Es cierto que Pablo les dijo a los filipenses que no estuvieran ansiosos por nada, pero nunca declaró haber alcanzado un estado exento de toda ansiedad. Por el contrario, la suya fue una vida cargada de problemas y aun de ansiedades (véase por ejemplo, 2 Corintios 11.22-30).

Más que sorprendernos por el hecho de sentirnos ansiosos, cuando eso ocurre, deberíamos maravillarnos por el asombroso hecho de que no nos veamos barridos por una ansiedad y un terror incesantes. Si tenemos en cuenta las amenazas y los peligros de la vida, el hecho inevitable de que vamos a morir y el renunciamiento cotidiano que nos exige la fe, *es sorprendente que no nos sintamos petrificados por el terror a cada instante.* Es absolutamente lógico que sintamos al menos algún grado de ansiedad. Jesús mismo lo sintió (véase Lucas 22.44).

Propóngase reducir la ansiedad, no eliminarla

¿Qué sentido tiene trabajar respecto a la ansiedad si no podemos erradicarla? Lo que tenemos que aprender es a *tolerar* la ansiedad y *reducir* la que no podemos soportar. En lugar de recorrer el mundo en busca de una droga, una forma de vida o una enseñanza que, una vez que la encontremos, nos impida sentirnos intranquilos, lo que debemos procurar es sobrellevar cualquier cosa que nos toque vivir, aun si implica cierto monto de ansiedad.[2]

Martín estaba tratando de explicar lo que esperaba obtener de la terapia. «Sólo quiero liberarme de esta ansiedad, eso es todo», dijo. «Me pongo tan ansioso cada vez que trato de llevar una conversación con una persona poco conocida, que no puedo soportarlo. Cada vez que puedo hago todo lo que me viene a la mente para evadir los encuentros sociales».

Pero esa expectativa era precisamente parte del problema de Martín. Cuando proseguimos nuestra charla, pude advertir que imaginaba un mundo en el que no existiera la ansiedad. Creía que la vida *debía* ser así y que, por el hecho de ser hijo de Dios, tenía derecho a una seguridad absoluta e ininterrumpida.

Esa falta de realismo es insostenible. Es absurdo pretender que vamos a poder erradicar la ansiedad, la inseguridad y las amenazas de las que está atestada nuestra existencia mortal. Al contrario, debemos decirnos: «Estoy esforzándome por sentir menos ansiedad y Dios está obrando en mí por medio de Jesucristo para limpiarme de mis pecados. Eso incluye liberarme de mis propias falsas creencias y de la ansiedad que me producen. El Espíritu Santo produce fe a diario en mí. Me ayuda a reemplazar las falsas creencias que generan ansiedad innecesaria con la verdad de que con toda seguridad me libera de la preocupación superflua».

Hace poco recibí una carta de un pastor que decía que sus problemas de ansiedad habían estado destruyendo su ministerio. «Suspendí mis obligaciones pastorales para recuperar la tranquilidad», confesó, «pero al hacerlo me sentí consumido por la culpa». El pastor continuaba diciendo que a partir de ese momento había aprendido a decirse la verdad, en lugar de manifestar los errores instalados en su mente por largo tiempo. Ahora lleva a cabo sus responsabilidades, relativamente aliviado de la ansiedad y, lo que es más importante, liberado de los hábitos de evasión que se había formado para tratar de escapar a las molestias. Ahora siente satisfacción en vez de culpa y mucha menos ansiedad.

No dijo que no sintiera *nunca ninguna* ansiedad. Es probable que nunca alcancemos un estado semejante. De modo que, a medida que avancemos, debemos pensar que nuestra meta es reducir nuestro nivel de ansiedad, elevar el umbral de resistencia y liberarnos de una parte de nuestra ansiedad irracional.

Rollo May, un gran sicólogo y escritor, ha argumentado que la ansiedad es *normal*, que es la fuente y la oportunidad de la creatividad, y que necesitamos aprender a usarla siempre que podamos.[3]

¿Por qué insisto tanto en esto? Porque sé que hay muchísimas personas tan perfeccionistas, que se tornan ansiosas por la ansiedad misma. Si usted pretende erradicarla totalmente, se pondrá afanoso por la ansiedad que no ha podido eliminar. Si piensa que es terrible experimentar cualquier grado de intranquilidad, se pondrá peor de lo que estaba.

Quizás se esté diciendo: «Estoy desilusionado con este capítulo. Esperaba que me prometiera una vida *libre de ansiedad*. Estos sentimientos son demasiado terribles. No los puedo soportar». Pero debo ser franco con usted. En una ocasión le dije a un nuevo paciente que tendría que tolerar cierto grado de ansiedad y dejar de esforzarse por evitarla a base de píldoras de Valium. Se levantó de la silla, me miró con actitud despectiva y dijo: «Pensé que usted era un sicólogo *compasivo*. No lo es. Ni siquiera sabe lo que significa la caridad». Y se marchó, para no regresar jamás.

Me sentí un tanto mal. Pero sospecho que mi potencial paciente quería decir que, si yo fuese compasivo y afectuoso, le hubiera prometido que podía ayudarlo a alcanzar una vida exenta de ansiedad. No hubiera podido decirle eso con veracidad, porque no podría hacerlo, de la misma forma que él no puede y usted tampoco.

De modo que, basándome en el principio de que la *verdad* es lo mejor aunque al principio no parezca placentera, quiero persuadirlo a que deje de rebelarse contra la vida porque a veces esta le provoca ansiedad. Considérese como un alumno en la escuela de Dios, un alumno que está siempre aprendiendo, que la mayor parte de las veces progresa y logra «hacer del infierno un cielo», con ayuda de la verdad. Que logra, con frecuencia, dejar de transformar «el cielo en un infierno».

Si se ha persuadido de que es mejor dar un paso para reducir la ansiedad, en lugar de paralizarse hasta haberla eliminado totalmente, sigamos entonces. En el próximo capítulo consideraremos otro pequeño paso que puede dar y las interpretaciones equivocadas que a veces se hacen al respecto.

Capítulo 9

Lavados en en río

El siguiente diálogo es típico de los que suceden en mi consultorio:

- Yo: Buenos días. ¿Ha estado practicando los ejercicios de relajación que le indiqué la semana pasada?
- Paciente: Bueno... la verdad es que...
- Yo: Quedamos en que trabajaría en la relajación todos los días. ¿Cómo va eso?
- Paciente: La verdad es que no sé. Intenté dos o tres veces... no estoy seguro.
- Yo: ¿Y los ejercicios aeróbicos? ¿Logró hacerlos a diario?
- Paciente: Pasé esta semana bastante ocupado. La verdad es que no tuve la oportunidad.

Estos dos sencillos remedios para la ansiedad: La relajación y la actividad física, no van a producir *todo* lo que esperamos de la terapia. Pero me esfuerzo por convencer a mi paciente de que estas actividades compensarán con creces el esfuerzo que les dedique, porque ambos han probado su efectividad para reducir las tensiones y aliviar la ansiedad. Si bien no son la pieza central de un programa de fe para la cura de la ansiedad, son extremadamente simples de llevar a cabo. Son tan fáciles, que cualquier persona los puede hacer y quizás su simplicidad sea precisamente la razón por la cual muchos de los que se beneficiarían con su uso, los pasan por alto. Consideremos estos recursos antes de avanzar al trabajo más complejo.

«Es demasiado fácil...»

La Biblia nos cuenta cómo Naamán, un oficial sirio, viajó todo el trayecto hasta Israel para consultar, acerca de su lepra, al gran profeta Elíseo. Sin siquiera salir a recibir tan importante visita, Eliseo le dijo por intermedio de un mensajero:

—Lávate siete veces en el río Jordán.

Naamán sintió que la ira crecía dentro de él.

—¿No son los ríos de Damasco mejores que todas las aguas de Israel? —dijo encolerizado—. ¿No podría haberme lavado en ellos?

Se dio media vuelta y encaró el regreso a su casa. ¡Qué insulto! ¡Eliseo ni siquiera se había dignado aparecer! ¡Nada menos que el Jordán! ¡Qué impropio de las sanidades proféticas de las que había oído hablar antes!

Naamán esperaba que Eliseo al menos viniera hasta él y moviera su mano alrededor de las llagas en su piel. Pero lo que le sugería era demasiado simple, demasiado fácil. No había suficiente mística en esa cura casera.

Si no hubiera sido por un sirviente que le sugirió que no perdía nada con intentar el tratamiento aparentemente ordinario, Naamán hubiera regresado furioso a Siria y habría perdido la posibilidad de sanar (véase 2 Reyes 5). Pero Naamán finalmente siguió las instrucciones de Eliseo y fue milagrosamente curado de la lepra.

Al igual que lavarse siete veces en un río es fácil, también lo son relajarse y hacer ejercicios aeróbicos a diario. Lo único que se requiere para hacerlos es la decisión cotidiana de llevarlos a cabo. Pero algunas personas lo consideran demasiado simple, demasiado fácil. ¡No tiene suficiente mística! Es mucho más fascinante asistir semanalmente a las sesiones con el terapeuta, donde se puede adquirir cada vez más comprensión de la conducta ansiosa, descubrir sus causas y rastrear su origen hasta las relaciones primarias de la infancia.

¿Son compatibles la relajación y la fe cristiana?

Algunas personas creen, erróneamente, que la relajación y la meditación son prácticas ajenas al cristianismo. La mayor parte de las llamadas que recibo en casa son de personas que nunca he conocido, que quieren hacerme una consulta o pedirme que los remita a quien pueda ayudarlos. A veces me impactan las observaciones que hacen esas personas, totalmente desconocidas.

—¿Doctor Backus? —inquirió con voz aguda una mujer en una ocasión.

—Sí, él habla.

—¿Usa usted el entrenamiento de relajación en su práctica clínica? —continuó, siempre en forma anónima.

—Sí, sí lo hago —contesté.

—Bueno, eso es lo mismo que la meditación, lo cual es una práctica ocultista, de modo que no podemos seguir respaldando su ministerio.

No pidió explicación alguna, ni esperó a ver si yo tenía algo que responder a sus comentarios. Colgó satisfecha de haber descargado sus opiniones.

Por desdicha, hay sicólogos que han incorporado a su tarea profesional ideas y técnicas tomadas de las prácticas y filosofías de las religiones orientales, sin hacer diferencia alguna entre relajación muscular profunda u otras formas de relajación, por un lado y las técnicas de meditación de los sistemas religiosos no cristianos, por otro. Pero es fundamental entender la diferencia.

El entrenamiento en la relajación muscular profunda tiene su origen en el laboratorio de un fisiólogo de la Universidad de Chicago, que demostró los beneficios del programa de relajación muscular aplicado a una cantidad de patologías derivadas de excesos de tensión.[1] Ni en su origen, ni en su aplicación, ha tenido nada que ver con ningún tipo de religión o práctica del ocultismo.

La meditación, por su parte, tiene raíces profundas en la tradición cristiana. De hecho, el Antiguo Testamento *estimula* a los creyentes a meditar en Dios, sus atributos, sus obras y sus promesas (véanse p. ej., Salmos 48.9; 77.12; 119.48). La meditación cristiana consiste en la concentración apropiada de la atención en la oración o en un pasaje bíblico, excluyendo todo tipo de sensación o pensamiento que pudiera competir o interferir con aquellos. Uno de sus resultados es una profunda sensación de seguridad y distensión, que puede ser fundamental para las personas que están consumidas por la ansiedad.

Tanto la relajación como la meditación, han demostrado ser beneficiosas en casos de tensión originada en el estrés. No sólo la ansiedad, sino algunos casos de presión alta, jaquecas, taquicardia, dolores artríticos y espasmos musculares, han comprobado que responden a la práctica sistemática y deliberada de estas técnicas.

La actividad física reduce la ansiedad

El ejercicio aeróbico también ha mostrado ser efectivo para reducir la ansiedad. Sin embargo, muchas personas no pasan del nivel de las buenas intenciones en lo que se refiere al ejercicio. Quienes sufren por las tensiones, especialmente aquellos que reconocen que la ansiedad los está volviendo miserables, podrían estar más motivados para probar este recurso que la mayoría de la gente. Los tormentos de la ansiedad son un buen motivo para empezar un programa periódico y efectivo de actividad física.

No cualquier ejercicio. Algunos tipos de ejercicios hacen poco o nada por aliviar la ansiedad, porque no tienen ningún efecto *aeróbico*. Por ejemplo, el levantamiento de pesas, aunque puede tener otros resultados beneficiosos, casi nunca produce un entrenamiento aeróbico. Muchos deportes competitivos, aunque pueden tener otros valores, no constituyen un entrenamiento aeróbico.

¿Qué es exactamente el entrenamiento aeróbico? Es el ejercicio que condiciona y mejora la respuesta del cuerpo para liberar oxígeno en cantidades abundantes en todas las células corporales, de manera que el corazón y las arterias se fortalezcan y trabajen con mayor eficiencia. Para lograr este resultado parece ser necesario llevar a cabo una actividad física que implique grandes masas musculares en movimientos sostenidos y repetitivos, durante lapsos de al menos veinte minutos.

Hay aparatos costosos que se pueden instalar para hacer bicicleta en la propia casa, lo mismo que caminar sobre una cinta mecánica, subir escaleras, esquiar y demás. Pero ofrecen muy pocas ventajas en comparación con las actividades libres y accesibles que podemos realizar sin equipo alguno. Prácticas como andar en bicicleta, nadar, correr, caminar a buen ritmo, saltar y esquiar, han demostrado brindar los beneficios del aerobismo, si se practican al menos tres veces por semana durante lapsos de veinte a treinta minutos por sesión.

Caminar es probablemente la actividad más simple para empezar. Si usted decide caminar para obtener los beneficios aeróbicos y la reducción de la ansiedad, debe hacerlo a buen ritmo, no simplemente paseando, durante unos treinta minutos diarios. Si hay mal tiempo, hágalo en un centro de compras o en un gimnasio.

Tampoco se requiere equipo para salir a correr. Vaya aumentando la práctica en forma gradual si no está entrenado, hasta que llegue a correr al menos veinte a veinticinco minutos tres veces por semana, sin dejar pasar más de dos días entre las sesiones. No deje que el mal tiempo le impida correr si tiene alternativa para hacerlo bajo techo.

Otros tipos de ejercicio que hemos mencionado, implican equipo y si está a su alcance adquirirlos, la práctica es fácil de realizar. Lo más importante es empezar. Si padece algún tipo de impedimento o enfermedad, o no ha consultado a su médico respecto a la práctica aeróbica, hágalo antes de empezar y luego siga sus indicaciones.

No trate de hacer todo a la vez. Es mejor empezar poco a poco y avanzar gradualmente en la duración y velocidad de los períodos de entrenamiento.[2]

Como resultado de este hábito, mejorará su estado de ánimo. Al principio será mientras hace el ejercicio, luego inmediatamente después y al final se extenderá el buen humor al resto de la jornada. Las horas de sueño serán gradualmente más descansadas y restauradoras. Disminuirá su apetito y el control del peso será más exitoso. Quizás lo mejor de todo será la disminución de la ansiedad, tanto en intensidad como en frecuencia.

Cómo relajarse

«¡Si tan solo alguien me dijera cómo relajarme!», me respondió Carlos cuando le pregunté si se sentía tenso la mayor parte del tiempo. Muchas personas, incluyendo su pastor, habían observado la tensión en los movimientos y la voz de Carlos, y le habían sugerido que necesitaba relajarse. Pero Carlos nunca había advertido que relajarse requiere un esfuerzo sistemático.

Carlos decidió aprender la relajación muscular profunda. Separaba veinte minutos todos los días a la misma hora. En su caso, el momento ideal era antes de la cena. Iba al dormitorio, cerraba la puerta y se recostaba. Si percibía que estaba por quedarse dormido, pasaba a una silla y lograba así mantenerse despierto a la vez que profundamente relajado.

He aquí la rutina que aprendió a llevar a cabo:

1. Empiece recitando el Salmo 131:
   Jehová, no se ha envanecido mi corazón, ni mis ojos se enaltecieron;
   Ni anduve en grandezas,
   Ni en cosas demasiado sublimes para mí.
   En verdad que me he comportado y he acallado mi alma
   Como un niño destetado de su madre;
   Como un niño destetado está mi alma.
   Espera, oh Israel, en Jehová,
   Desde ahora y para siempre.

   Ahora cierre los ojos. Inspire profundo tres veces, inhalando en cada oportunidad durante seis segundos, reteniendo el aire la misma cantidad de tiempo y exhalando lentamente durante otros seis segundos. Mientras exhala el aire, perciba cómo se relajan sus músculos y su cuerpo se va hundiendo de forma progresiva en la cama o la silla.

2. Contraiga deliberadamente un grupo de músculos, por ejemplo los de la mano o el pie y luego deje que se relajen *lentamente*. Pase después a otro grupo de músculos, contráigalos y luego deje que, de forma paulatina, se relajen.

3. Puede empezar por la frente y los músculos de la cabeza, y luego avanzar por todo el cuerpo, contrayendo y relajando lentamente en forma ordenada cada sector: frente y cabeza, alrededor de los ojos, alrededor de la boca, la mandíbula, la lengua, la garganta, el cuello, la nuca, los hombros, el pecho, la parte superior de la espalda, la parte superior de

los brazos, los antebrazos, las manos y los dedos, la parte inferior de la espalda, las caderas y las nalgas, los muslos, pantorrillas, tobillos, pies y dedos.

4. Contraer con toda intención los músculos, si bien no es la parte decisiva del método de relajación, tiene un propósito. La meta es ayudarle a percibir la diferencia entre el estado de tensión y de relajación de los músculos. Tómese más tiempo para liberar y relajar la tensión muscular, que para contraerlos. Cuando haya recorrido todos los grupos musculares, repáselos nuevamente, esta vez *sin contraer*, sólo dejando que cada grupo muscular se relaje de modo más profundo.

5. Hágase a la idea de que la relajación muscular es algo gradual. Cuando le parece que ya lo ha hecho con todos los músculos, en realidad sólo está empezando. Piense en esos músculos relajados como si fueran cuerdas de guitarra que han sido parcialmente aflojadas. Todavía puede hacer girar un poco más las clavijas para aflojarlos más, y más, y más, hasta que se alargan y alcanzan niveles cada vez más profundos de relajación.

6. Cuando haya recorrido mentalmente todos sus músculos, quédese en reposo, relajado, con los ojos cerrados, dejando sencillamente que sus pensamientos divaguen, hasta completar el tiempo de sesión. Luego estírese suavemente, abra los ojos, y se levantará renovado, aliviado, restaurado física y emocionalmente, sintiendo que ha «acallado su alma, como un niño destetado de su madre».[3]

Otra técnica de relajación es la que ha descrito el Dr. Herbert Benson.[4] Quizás desee aprender también este método. Elija un ambiente tranquilo donde no lo interrumpan el teléfono, los compañeros de habitación ni los miembros de la familia. Descanse sobre una silla o una cama. Ore el Salmo 131 y pida la ayuda de Dios, el Espíritu Santo, mientras se relaja. Cierre los ojos y respire con profundidad tres veces, lentamente. Cuente hasta seis mientras respira, retenga el aire contando hasta seis y exhale con lentitud el aire por las fosas nasales, siempre contando hasta seis. Dirija su atención brevemente a los distintos grupos musculares, como aprendió a hacerlo durante la relajación muscular, tomando nota de cualquier tensión especial y relajando sus músculos, grupo tras grupo, desde la cabeza a los pies. Continúe respirando y exhalando lentamente, concentrando su atención en esta respiración profunda. Diga el número «uno» cada vez que exhala el aire. Inhale, exhale, piense en el número «uno». Siga repitiendo lo mismo durante diez a veinte minutos. Puede abrir los ojos para controlar el tiempo, pero no use un reloj con alarma. Cuando termine, quédese quieto, relajado, con los ojos cerrados, durante unos minutos. Luego estírese lentamente, abra los ojos y eleve una oración de gratitud a Dios por su ayuda. Ahora regrese, renovado, a continuar sus actividades.

Resultados

¿Qué resultados podemos esperar?

«Nunca he estado tan relajada en toda mi vida», me dijo una paciente hace dos semanas. Había estado practicando la relajación y también corriendo metódicamente.

«¡Estoy encantado, agradezco y alabo a Jesús! Ahora sé que puedo echar a un lado la tensión y las emociones ansiosas innecesarias, en lugar de volverme más y más tenso», dijo un paciente después de desarrollar el hábito diario de la relajación.

«Es como obtener el descanso de una noche en apenas veinte minutos», me dicen otros. «Mi pulso ha bajado de 85 a 68», me dijo una enfermera después de unas cinco semanas de ejercicios aeróbicos y relajación. «Me duermo en el acto y no me despierto en toda la noche», dijo un hombre cuya tensión en el trabajo le había estado impidiendo dormir bien.

Usted también puede comprobar el alivio de la tensión. Si persevera en sus ejercicios y su práctica de la relajación, tendrá sensaciones aun más placenteras como resultado de la disminución de la tensión. Estas medidas de carácter fisiológico no alcanzan a las *causas* de la preocupación y la ansiedad, de modo que no pueden constituir por sí solas un programa terapéutico. Pero ayudan. Inclúyalas en su rutina cotidiana. Valdrá la pena el tiempo que les dedique.

Ya que estamos considerando el tema de la tensión fisiológica y cómo aliviarla, digamos una palabra sobre las píldoras tranquilizantes y el alcohol. Muchas personas se han acostumbrado a manejar su ansiedad y sus tensiones, recurriendo al alcohol y a los tranquilizantes. Los exhorto sin vacilar a no acudir *jamás* al alcohol como remedio para la ansiedad, ya que puede crear más problemas de los que soluciona, cuando se usa con estos fines.

Por la misma razón, *jamás* use tranquilizantes automedicados. Las píldoras recetadas deben ser usadas sólo después de un cuidadoso examen médico y por lo general deben usarse durante períodos breves. Algunas medicinas nuevas para la ansiedad no tienen efectos secundarios sobre el sistema nervioso central ni producen adicción. Si usted ya es adicto a los sedantes, consulte un médico para que lo ayude a romper ese hábito. *Puede ser peligroso interrumpir abruptamente el uso de algunas sustancias a las que se ha vuelto fisiológicamente adicto.*

Conclusión

Estoy convencido de que la ansiedad, en algunas personas, puede ser superada fácilmente aprendiendo a manejar los aspectos fisiológicos de la tensión. El tipo de programa de entrenamiento, que he sugerido, puede ser de utilidad para cualquier persona que sufra ansiedad y sus consecuencias físicas.

Para otros, en cambio, la ansiedad ha llegado a ser una reacción muy profunda, como un «programa computarizado» instalado en sus «circuitos» fisiológicos y emocionales. Liberarse de ella en estos casos, requiere cambios a nivel más profundo. Por esta razón volveremos ahora nuestra atención a lo que quizás sea el paso más arriesgado y atemorizante que debe dar toda persona propensa a la ansiedad: aprender a sensibilizarse y a buscar la verdadera raíz de sus temores.

Capítulo 10

EXPÓNGASE ABIERTAMENTE

Hugo era un hombre corpulento. Medía un metro ochenta de estatura y era musculoso. Nunca imaginaría que una persona así le tuviera miedo a algo. Era imposible imaginar que temblaba si tenía que subir al sexto piso de un edificio. Pero lo cierto es que Hugo se aterraba si tenía que pasar de un cuarto piso.

Cuando le propuse que subiéramos juntos más arriba para enfrentar su temor a las alturas, palideció. Cuando escuchó cómo sería su tratamiento, se le descompuso el estómago. Su *imaginación* le hacía sentir mareo y confusión tal como en la realidad le ocurría cuando estaba a cierta altura. Mientras le hablaba, lo inundaba la abrumadora sensación de que se estaba muriendo.

Para mejorarse era necesario que Hugo soportara todas esas sensaciones hasta que las superara. Estaba dispuesto a hacerlo. A eso le llamo audacia.

Ya habíamos intentado otros enfoques menos drásticos, que incluían la gradual desensibilización. Hugo había consultado otros terapeutas, había hecho casi seis años de análisis, pero sus intensos temores a la altura no habían disminuido en lo más mínimo. De hecho, a lo largo de los últimos diez años, su ansiedad se había intensificado al punto de que ahora se sentía prácticamente incapaz de hacer llamadas de negocio si las oficinas de sus potenciales clientes estaban por encima del quinto piso.

Había desarrollado el hábito de medicarse con una variedad de tranquilizantes y sedantes como una manera de salir adelante en cada jornada laboral. Pero el sentido común y el temor a volverse adicto lo mantenían insatisfecho respecto a su creciente dependencia de las píldoras. Había llegado a mi consultorio como último recurso.

—Usted y yo vamos a dar un paseo en el ascensor hasta el último piso de este edificio y sencillamente vamos a estar allí el tiempo que sea necesario —insistí con delicadeza.

—¿El tiempo que sea necesario? —la voz de Hugo temblaba con sólo pensarlo.

—El tiempo que sea necesario para que usted se calme y se sienta cómodo.

Hugo había adquirido el hábito, no sólo de automedicarse antes de subir a un edificio, sino de terminar sus tareas lo más rápido posible y bajar los escalones de dos en dos. Ahora tendría que modificar todo eso y quedarse voluntariamente en el sitio preciso que lo angustiaba. Hugo no estaba seguro, en su totalidad, de que yo tuviese razón al decirle que el temor iría disminuyendo cuando se quedara allí más tiempo. «La ansiedad cederá», le prometí seguro de lo que decía.

Cuando el ascensor se detuvo en el sexto piso, Hugo se aferró con todas sus fuerzas a la barra del fondo de la cabina. Tuve que amenazarlo con dar por concluido el tratamiento para que al final pudiera bajar. Después se quedó inmóvil junto al botón de llamada del ascensor, oprimiéndolo con fuerza reiteradamente. Sus rodillas golpeaban una contra otra, su rostro palidecía y tenía los ojos bien abiertos, llenos de terror, mientras la respiración y el corazón corrían compitiendo por el primer lugar.

El pánico se mantuvo alrededor de quince minutos. A Hugo lo urgía la tentación de bajar del ascensor y renunciar por completo al proyecto. Pero le dije que si se marchaba del sexto piso, aunque fuera por un momento, yo daba por terminado el tratamiento. Se quedó. Era la última oportunidad que tenía.

Lo cierto es que después de unos minutos más los signos de pánico disminuyeron. Dio unos pasos hacia el centro del pasillo, alejándose del ascensor. Aunque seguía sintiéndose incómodo, estuvo dispuesto a acercarse a una ventana (una acción muy difícil para la mayoría de las personas que sienten fobia a las alturas).

Nos quedamos junto a la ventana casi una hora. Al cabo de ese tiempo, la respiración y el ritmo cardíaco de Hugo se habían regularizado bastante, sus piernas habían dejado de temblar y estaba en condiciones de reconocer que el tratamiento estaba resultando efectivo. Estaba satisfecho con la sesión y Hugo también lo estaba.

De allí en adelante, en cada una de las sesiones de terapia, tomábamos el ascensor en los edificios más altos de la ciudad y llegábamos hasta el último piso. Allí nos quedábamos hasta que Hugo se sintiera lo suficiente cómodo. Se mostró heroicamente valiente y el progreso fue muy rápido.

Después de cinco o seis sesiones, Hugo había dejado de tomar píldoras. Podía llevar a cabo sus obligaciones diarias con la sensación de haberse liberado del temor a las alturas. Ahora estaba tan entusiasmado que sacó pasaje para un vuelo corto en avión y, qué sorpresa, ¡lo disfrutó!

Años más tarde, cuando volví a verlo, seguía libre del pánico y en condiciones de aventurarse en sitios elevados cuando quisiera.

El punto es el siguiente: *Cuando ya se había dicho y hecho todo, Hugo pudo curarse porque se expuso francamente a la ansiedad.* Su tratamiento incluía la negativa deliberada de rechazar esquemas de comportamiento evasivo y una decisión valiente de exponerse a aquello que lo atemorizaba.

Los cristianos que caminan en fe no son ajenos a la idea de exponerse y mostrarse vulnerables. La fe, viva, laboriosa y activa, está siempre impulsándonos a caminar en sitios donde antes hubiéramos temido hacerlo. Nos presiona a exponernos a la incomodidad, a los insultos, el rechazo y a los riesgos que involucra amar a Dios y al prójimo. Obedecer a Dios no importa qué ocurra, sabiendo (aun sin sentirlo) que Dios es nuestro escudo y nuestro galardón.

Los cristianos necesitan saber que no se trata de esperar hasta que nada nos atemorice para recién entonces hacer la voluntad de Dios. Más bien, la valentía consiste en hacer precisamente aquello que nos pone ansiosos. *Exponernos* es la esencia misma de la valentía y es también la base de la superación del temor.

Hace poco los sicólogos han estado hablando acerca de *la exposición y suspensión de las reacciones*, en relación con el tratamiento de los desórdenes producidos por la ansiedad.[1] Estas expresiones aluden a *exponerse* a las situaciones que producían temor, además de *suspender* las *reacciones* habituales de evasión o huida que la persona había desarrollado para escapar de la ansiedad provocada por tales situaciones. *Exposición y suspensión de las reacciones*, en el caso de Hugo, significaba *exponerse* a las alturas y *suspender* su reacción anterior y habitual, que consistía en alejarse lo más rápido posible del lugar. Esta es la expresión en términos clínicos de lo que quiero decir cuando afirmo que la gente que tiene problemas con la ansiedad debe exponerse abiertamente para curarse.

El estudiante que no dejaba de ducharse

Un profesor muy capaz, de la Universidad de Minnesota, trató a un estudiante que no podía dejar de ducharse, utilizando la técnica de exposición y suspensión de las reacciones habituales. He aquí la historia:

El joven sentía una necesidad compulsiva de ducharse por varias horas consecutivas y repetir esas duchas prolongadas dos o tres veces al día. No hace falta decir que ese insaciable impulso a la ultralimpieza interfería desastrosamente con su progreso en la vida. Le quedaba muy poco tiempo para otras cosas.

«Pero nunca puedo estar seguro», decía el joven, «de que estoy totalmente limpio. Siempre tengo miedo de que pudiera quedar una gota de orina o una partícula de tierra. Necesito asegurarme de no estar contaminado con nada semejante».

¿Qué fue lo que hizo este creativo profesor y sus cinco discípulos graduados en sicología para ayudar a ese muchacho? Se instalaron con sus bolsas de dormir durante un fin de semana en el departamento del paciente. Luego procedieron a «contaminar» completamente el sitio tocándolo con sus manos sin lavar: paredes, superficies, grifos, utensilios de cocina, todo.

Al mediodía trajeron pollo frito y lo comieron con el paciente, sin que nadie se lavara ni un dedo. Mientras tanto, el paciente tenía la obligación de no ducharse ni lavarse las manos en todo el fin de semana.

¿Le parece un tanto chiflado? No lo era en absoluto. Era la única manera de aplicar la cura de la ansiedad: *exposición y sustentación de la reacción habitual.*

Este paciente en particular, expuesto sin remedio a todo tipo de «contaminación», no tenía otra opción que soportar la ansiedad hasta que esta empezara a disminuir. Como no podía lavarse ni ducharse (su hábito evasivo), no tenía alternativa que enfrentar su temor. Y lo hizo. Cuando pasó el fin de semana, su conducta respecto a las duchas se había normalizado, y el profesor y sus discípulos se marcharon a sus casas agotados pero satisfechos con el éxito. ¡Seguramente dispuestos a darse una larga ducha caliente!

¿Por qué la ansiedad no se retira simplemente?

A comienzos de la década del 50 algunos sicólogos investigadores se sintieron perplejos ante el hecho de que, a diferencia de muchas otras reacciones, la ansiedad parecía no retirarse nunca, ni siquiera en animales e independientemente de la cantidad de veces que hubiera sido provocada. Estos investigadores continuaron sus estudios hasta que descubrieron este mismo principio de la exposición y suspensión de la reacción habitual.

He aquí cómo lo hicieron: Pusieron a un perro, llamado Fido, en una caja, pasaron un haz de luz delante de él y aplicaron una descarga eléctrica en su cara. ¿Qué sucedió? Cualquier perro que se respete saltaría de la caja para escapar de la descarga.

Si repetimos el mismo acto un par de veces descubriremos que Fido no se queda en la caja para recibir la descarga. La abandona apenas se encienda la luz y quizás antes. Más importante aun es que (y esta es la parte más interesante del experimento) el perro repetirá su huida cien, doscientas, trescientas veces. Parece no superar jamás la ansiedad aunque no vuelva a experimentar la descarga eléctrica.

¿Por qué? ¿Por qué no va perdiendo gradualmente el perro su ansiedad al punto de poder quedarse en la caja cuando ya no hay nada que temer? Lo que ocurre es que ha desarrollado la conducta de evasión y huida al punto de que no llega a quedarse lo suficiente como para aprender que ya no hay nada que temer. En consecuencia, nunca se queda dentro de la caja generadora de ansiedad el tiempo suficiente como para deshacer el efecto que le produce tensión. Nunca llega a descubrir que el circuito eléctrico ha sido desconectado.

Los sicólogos decidieron ver qué sucedía si usaban una técnica de exposición y suspensión de la reacción habitual. Así que obligaron al perro a quedarse en el lugar. Pusieron a Fido en la caja pero colocaron una tapa y luego lo expusieron a la luz, sin aplicar la descarga eléctrica.

Después de reiterar algunas veces la experiencia de esta forma, quitaron la tapa de la caja y —¡presto!— el perro se quedó en ella aun después de verse expuesto a la luz. Evidentemente, la ansiedad era cosa del pasado. Mediante la técnica de exposición y suspensión de la reacción habitual, Fido había aprendido a no sentirse ansioso.[2]

Lo que esto significa para usted

Los ejemplos de Hugo, del paciente de la ducha y del perro en la caja, encarnan todos un mismo principio: Si queremos superar nuestra ansiedad irracional, debemos *abrirnos con franqueza*. *La exposición y la suspensión de la reacción habitual implican abrirnos a aquello que nos atemoriza*. Y esto requiere dar algunos pasos concretos.

La fe viva, laboriosa y activa del cristiano lo urge a avanzar. Por ejemplo, quizás usted está leyendo este libro porque su fe en Cristo ha encendido su deseo de dejar de evadir situaciones y responder a Dios a pesar de su ansiedad o liberarse por completo de la ansiedad. La fe también nos manda y nos capacita para que erradiquemos conductas evasivas basadas en actitudes de autonomía, y que nos mostremos dispuestos a aceptar y soportar las incomodidades e intranquilidades que es preciso experimentar a fin de mejorarnos.

«Haz precisamente aquello que temes», dice la fe. Ve al centro comercial, conduce el automóvil en la autopista, acaricia al gato, resiste todo el tiempo que puedas sin volver a lavarte, atrévete a estar en aeropuertos y aviones, a volar en viajes largos, a dar conferencias para grupos grandes, a participar de un concurso y a pedirle a otra persona que hagan algo juntos.

Tome la iniciativa. Invite gente a su casa. Exprese sus opiniones. Deje que otros conozcan sus deseos, sus sentimientos. En lugar de disimular, muéstrese tal como es.

Deje de evitar personas, cosas y actividades cuando sabe que debiera atreverse, estar allí y hacer eso que le parece difícil. Dispónganse a aceptar algún nivel molesto de intranquilidad y tensión. Aprenda a tolerar un poco el sudor en las palmas de las manos, cierto rubor en las mejillas, un temblor en las débiles rodillas, un poco de sequedad en la boca, una leve agitación de los latidos cardíacos, una sensación de liviandad, tensión muscular y aprehensión mental. Nada de eso lo matará, pero, si lo encara y lo soporta, le ayudará a superar la ansiedad.

Las personas que se preocupan demasiado pueden aplicar este mismo principio. No practique la evasión mental, convenciéndose de «no pensar en *eso* porque es demasiado terrible». En vez de eso, prosiga y enfrente los riesgos que se ha imaginado. Exponga sus pensamientos a lo peor, avance sus razonamientos hipotéticos hasta las últimas consecuencias.

La fe nos dice: «Pues bien, si lo peor tiene que suceder, perderás todo tu dinero. Si va a suceder lo trágico, uno de tus seres queridos puede enfermar y morir. Y si tiene que suceder lo peor, puedes sufrir y morir».

Si eso tiene que suceder, sucederá y puedes salir victorioso de la situación porque Jesucristo estará allí mismo contigo. No importa lo difícil que todo se torne, Él estará allí para darte la fe que necesitas para salir adelante. Eso es: *Salir adelante,* porque la verdad fue ganada y se mantiene con nosotros. Habrá un punto final, una meta y una celebración victoriosa.

No importa qué sea lo que lo preocupa tanto, deje que su mente se dirija directo a través de ello en fe con Él. No se permita evitar esos pensamientos por el solo hecho de que son cosas horribles en las cuales pensar.[3]

«¡Eso sí que no podría hacerlo!».

—¡Eso sí que no podría hacerlo! —exclamó María cuando terminé de contarle el exitoso tratamiento de Hugo y cómo nos insta la fe a seguir adelante.

—¿Lo que usted quiere decir es que no podría soportar exponerse a tanta ansiedad, toda junta y al mismo tiempo? —le dije aceptando sus palabras al pie de la letra.

—En efecto. Es cierto que quiero hacer esas cosas que me atemorizan y sé que la fe me insta a hacer algunas de ellas. Pero, ¿no hay alguna forma de hacerlo gradualmente? —suplicó.

Por fortuna, en algunas situaciones sí la hay. Sí, como María, estamos tan sobrecogidos por el temor que preferiríamos probar cualquier cosa con tal de no tener que enfrentar directamente las situaciones que nos provocan ansiedad y resistir a cualquier precio, en algunas situaciones sí podemos hacerlo de manera gradual.

Supongamos que, sólo a modo de ejemplo, nos sintamos aterrados por completo ante la sola idea de tener que conducir un automóvil en cualquier sitio y que manejar en una autopista resulte tan atemorizante que ni siquiera lo consideramos. Sabemos, en nuestro espíritu, por fe, que Dios nos ha dado muchas responsabilidades en la vida que en realidad sólo podemos cumplir si accedemos a conducir un automóvil. Pero hasta ahora hemos estado rechazando esas tareas a causa de la ansiedad. Sabemos que la fe nos mueve a enfrentar la situación y superar las barreras para poder cumplir la voluntad de Dios con nosotros.

¿Qué podemos hacer? Bueno, una manera de abrirnos de manera abrupta podría ser introducirnos en un vehículo y empezar a conducir, entrar a la autopista más cercana y seguir avanzando hasta que nos sintamos más tranquilos… aun si nos lleva ocho horas o más, deteniéndonos sólo para cargar combustible. Podríamos hacerlo a diario todo el tiempo que sea necesario hasta que nos liberemos de la ansiedad que nos produce conducir. Eso sería un tratamiento tipo «todo de una vez».

Pero quizás preferimos no hacerlo de esa manera, por razones prácticas. Queremos usar la técnica de la exposición y suspensión de la reacción habitual, pero de manera progresiva. ¿Cómo podemos aplicarla?

Primero, haríamos una lista de las situaciones vinculadas a conducir un automóvil que nos producen ansiedad. Quizás nos pone un poco nerviosos el solo hecho de tener una llave en la mano, un poco más si vamos en el asiento del acompañante y aun más si nos sentamos en el asiento del conductor. De modo que prepararíamos nuestra lista desde las cosas menos atemorizantes hasta las más difíciles que, en este ejemplo, probablemente implicarían tener que conducir hacia algún sitio por la autopista. Luego prepararíamos un plan para exponernos a esas situaciones, paso a paso, empezando con las más fáciles.

Supongamos que planeamos dedicar una hora diaria al tratamiento de reducción de la ansiedad. La primera sesión, lo mismo que las siguientes, podría empezar con una plegaria: «Señor, sé que quieres que lleve a cabo mis responsabilidades y estas implican conducir el automóvil. De modo que quiero confiar en que vas a obrar en mí ahora y hasta que cumpla la meta. En el nombre de Jesús. Amén».

Luego pasamos diez a quince minutos relajándonos desde la cabeza a los pies. Más tarde llevaríamos a cabo una a una las situaciones, empezando por la más fácil y llevándola a cabo hasta que nos sintamos tranquilos. Si empezamos a sentirnos tensos, nos detenemos y nos relajamos otra vez. Quizás no logremos emprender más de una o dos acciones durante una sesión. Pero está bien, siempre que sigamos avanzando de forma gradual.

En una primera ocasión, simplemente sostenemos las llaves del vehículo en la mano y seguimos con ellas hasta que nos sintamos perfectamente cómodos con las llaves en la mano. Luego hacemos lo próximo que tengamos en la lista. Nos sentamos en el asiento del acompañante, en el auto que está en el garaje, sin encenderlo, hasta que nos sintamos tranquilos.

Cuando no sintamos nada de ansiedad, nos pasamos al asiento del conductor, encendemos el automóvil y nos quedamos allí (asegúrese de que el auto tenga buena ventilación y que no sea un garaje cerrado). El paso siguiente podría ser avanzar y retroceder el vehículo en la entrada. Luego podríamos dar varias vueltas a la manzana hasta que nos sintamos cómodos haciéndolo.

Después, si nos ponemos tensos, podríamos detenernos por unos minutos y entrar en el reposo que Dios nos da, repitiendo nuestra plegaria y relajándonos por completo una vez más. Si mantenemos este procedimiento, podríamos avanzar a lo largo de la lista destinándole los días o semanas que fuesen necesarios hasta que realmente podamos conducir en la autopista con un aceptable nivel de calma.

Este método de exposición gradual funciona muy bien en situaciones tales como el temor a las alturas, a conducir, a los lugares cerrados, ascensores, agua, animales, tierra y otras cosas sobre las que podemos ejercer control con cierta facilidad. Pero tiene sus inconvenientes. Algunas de las cosas que producen temor a cierta gente no pueden experimentarse de manera gradual en dosis crecientes: Por ejemplo, dar conferencias, encontrarse con personas desconocidas, hablar por teléfono, conversar con alguien del sexo opuesto, ir a la iglesia y decirles a otras personas cómo nos sentimos.

En tales situaciones es posible que desarrollemos la técnica de exposición y control de las reacciones habituales a nivel imaginativo. En lugar de exponernos súbitamente a las dosis de ansiedad que el medio decida imponernos, podemos visualizar esos enfrentamientos atemorizantes en dosis pequeñas y graduales. En general, es más fácil hacer eso con ayuda del terapeuta, ya que este va introduciendo las situaciones a imaginar mientras nos mantenemos en estado profundamente relajado, de tal manera que la ansiedad se encuentre inhibida por la relajación durante todo el proceso.

La imaginación también funciona

Rosa, una conductora de ómnibus de veintiocho años, se sentía aterrada de conducir después de un grave accidente en el que otro conductor había cruzado con luz roja, chocando fatalmente contra el ómnibus e hiriendo de gravedad a otro pasajero. En sesiones sucesivas de terapia enseñaron a Rosa a relajarse y luego se le pidió que visualizara una serie de «escenas», mientras se mantenía en ese estado. Las escenas, por supuesto, estaban relacionadas con el hecho de conducir y tener accidentes, empezando con situaciones muy sencillas y apenas atemorizantes, hasta entrar en otras de mayores riesgos, casi colisiones.

Todo eso tuvo lugar a lo largo de varias sesiones, repitiendo las escenas hasta que ella podía imaginarse en medio del suceso sin sentir ansiedad. Luego pasaba a una escena más riesgosa. Tres semanas más tarde Rosa volvía a conducir el ómnibus por breves períodos y al cabo de doce semanas de terapia estaba en condiciones de trabajar normalmente y sin temores.

Investigadores de la Universidad Estatal de Washington en Pullman querían descubrir una técnica similar de «exposición y control de las reacciones habituales» en la que, por medio de la imaginación, se podría reducir lo que se denomina «aprehensión a las comunicaciones» o temor de hablar con otras personas, en especial si se trata de hablar en público. Investigaron a 107 estudiantes en una clase de oratoria, todos los cuales admitieron sentir aprehensión a comunicarse con otros. Dividieron al grupo en cuatro subgrupos.

Los integrantes de uno de los grupos fueron entrenados a visualizar el día completo en el que tendrían que dar la disertación: Debían elegir su mejor atuendo, sentirse confiados y totalmente preparados para la ocasión, además de ofrecer una disertación excelente y fluida. Los otros grupos recibieron un tratamiento diferente. Los que fueron expuestos por medio de la imaginación a las escenas temidas tuvieron más éxito en superar la ansiedad en relación con aquellos que no fueron preparados.[4]

Quizás usted puede hacer algo de esto, por su propia cuenta, haciendo una lista de una serie de situaciones que tienen que ver con su ansiedad. Luego puede avanzar paso a paso desde la menos amenazante hasta la más atemorizante, visualizándose en medio de la circunstancia o haciendo las actividades, mientras se mantiene profundamente relajado. Empiece por la más sencilla y repítala hasta que se sienta cómodo. Luego siga avanzando en la lista. Si no logra hacerlo solo, considere la posibilidad de consultar a un sicólogo cristiano que haya sido entrenado en el uso de técnicas como la desensibilización, la visualización y la inmunización al estrés.

Al exponerse abiertamente a la ansiedad de esta manera —dispuesto a enfrentar las cosas que lo atemorizan, de una sola vez o de manera gradual, en forma concreta o en la imaginación— disminuirá su nivel de ansiedad y hasta puede erradicar totalmente algunos comportamientos concretos.

Fe y valentía

Lo que queremos señalar en todo esto es que la fe en Jesucristo nos mueve a responder a Dios, nos motiva y ordena a avanzar aun en situaciones que nos producen temor. La fe nos da valentía, pero esta no se define como la ausencia de ansiedad. Valentía significa avanzar ya sea que nos sintamos ansiosos o no.

Piense, por ejemplo, en David avanzando con la fe, que era su única armadura para enfrentar al poderoso guerrero filisteo Goliat. ¿Piensa que David no sentía ansiedad en absoluto? ¿No le parece más probable que se haya repetido con fe: «Dios es mi protección y mi escudo, no importa qué suceda», para marchar al campo a pesar de todo, superando sus temores?

Piense en Daniel desafiando por fe las órdenes del rey de no orar a Dios y marchando, cuando llegó el momento, hacia el foso de los leones. ¿Piensa que Daniel pudo haber contemplado las garras y los colmillos que desgarrarían su carne sin sentir ansiedad alguna? Es más probable, pienso, que se haya dicho la siguiente verdad: Que Dios estaba por encima de las circunstancias, que si elegía hacerlo, podía paralizar a los leones. Que si Dios decidía no hacerlo, le daría la victoria aun en medio de la muerte.

Piensa en Sadrac, Mesac y Abed-nego, prefiriendo enfrentar la prueba del horno de fuego en lugar de venderse y adorar la imagen del rey. ¿Piensa que no sentirían miedo en la boca del estómago al mirar las llamas incandescentes del horno, sabiendo que con toda seguridad los arrojarían dentro?

No lo concibo. Creo que sintieron mucho miedo pero avanzaron lo mismo, por fe. Le dijeron al rey Nabucodonosor y a sí mismos: «He aquí nuestro Dios a quien servimos puede librarnos del horno de fuego ardiendo; y de tu mano, oh rey, nos librará. Y si no, sepas, oh rey, que no serviremos a tus dioses, ni tampoco adoraremos la estatua que has levantado» (Daniel 3.17-18).

Su monólogo interior tomó en cuenta la posibilidad de que Dios pudiera dejar que murieran en las llamas del horno. Pero sabían que, si esa era su voluntad, Dios lo usaría para bien.

Piense en Pedro bajando hacia el agua esa noche a pesar de las embravecidas olas. ¿Se imagina que se sentía en calma total? No creo que fuera así. Creo que sintió que la ansiedad lo desgarraba. Pero el Señor le ordenó que caminara y lo hizo.

¿Se da cuenta cómo es que la fe nos brinda la valentía? *No lo hace,* como muchas personas imaginan, *disolviendo mágicamente los sentimientos de ansiedad y desintegrando el temor,* sino dándole a la persona la motivación, la razón y el poder de exponerse a la ansiedad y avanzar cuando Dios llama.

Decirse la verdad... y hacerla

La fe nos capacita a exponernos. Imagínese actuando valientemente por fe. ¿Qué cosa le gustaría hacer pero le produce temor? Visualícese creyendo tan profundamente en el amor, la fidelidad y el poder de Dios en Jesucristo, que puede sostenerse en la fortaleza del Señor *aun frente a lo que más teme.*

Usted puede recibir poder para ponerse valientemente de pie, como Jesús mismo lo hizo, frente a personas que estarían dispuestas a hacerle oposición. Usted puede recibir poder para levantarse y pasar frente a una multitud, para proponer matrimonio, para invitar a alguien a una cita, para desempeñarse frente al público, para aceptar un desafío, para competir por un premio o para pedirle a alguien amor y amistad.

«Estoy demasiado asustado», dice. No se fije en el temor sino en el llamado de Dios y en su obediencia. Visualícese avanzando, exponiéndose y dejándose envolver por aquello que teme. Sea que lo haga poco a poco o todo de una vez, sea en hechos o primero en la imaginación, hágalo. Eso es lo que nos insta a hacer la fe y ella misma nos capacita a hacerlo.

Desde un punto de vista, la fe es decirnos a nosotros mismos la verdad, en especial la verdad acerca de Dios y nosotros mismos en nuestra situación. He aquí algunas verdades básicas contra la ansiedad que la fe nos capacita a repetirnos: «Dios está de su parte, no en su contra. Él va a bendecirlo, no a maldecirlo. Honrará su fe, no la pasará por alto. Usted está seguro, a salvo, todo estará bien y nada podrá hacerle daño. Aun la muerte, en su caso, ha perdido el aguijón, por medio de la muerte y resurrección de Dios hombre, Jesucristo».

Pero como señala el apóstol Santiago, la fe también implica acción. Dígase la verdad y luego decídase a *hacer* lo que ahora está evitando a causa del temor. El premio: Si se repite fielmente la verdad en fe y con la misma fidelidad lleva a cabo en fe aquello que teme, vencerá la ansiedad.

Lo próximo que haremos es considerar más de cerca la verdad que necesita decirse a sí mismo para superar sus conflictos.

Capítulo 11

ROMPA EL CÍRCULO VICIOSO

Gabriel era un perfecto ejemplo de cómo una persona ansiosa puede perpetuar ella misma sus dificultades. Preste atención y verá de qué manera alimentaba sus falsas creencias, en lugar de nutrir su fe.

«¡Estoy ansioso, tenso, alterado y nervioso, la mayor parte del tiempo!», dijo un día. «Lo que *más* necesito es ayuda de Dios. Pero este es justamente el impedimento. *No puedo* recibir ayuda de Dios, porque soy un cristiano mediocre. Un verdadero cristiano no estaría tan ansioso como yo. Estoy seguro de que Dios no oye mis oraciones. Mi fe es tan débil y precaria que Dios debe estar harto de mí. Estoy destruido».

Cada vez que Gabriel se repetía esta y otras afirmaciones (lo que hacía a menudo), se sentía más asustado y ansioso que antes. Por supuesto, aumentaba su ansiedad y por eso lo consideraba como una prueba de que Dios ya no lo tenía en cuenta. Esto a su vez reforzaba sus destructivas convicciones acerca de su fe. De esta forma, Gabriel se sumergía en una espiral de ansiedad, repitiéndose falsas creencias que lo volvían más y más ansioso, lo que a su vez incrementaba el vigor de sus erradas convicciones… ¡Lo que necesitaba era que la verdad reemplazara esas falsedades!

El círculo vicioso

Muchas, quizás la mayoría de las personas que sufren profunda ansiedad, también caen en el hábito de repetirse falsedades *respecto a su ansiedad y a su significado.*

Considere las siguientes falsas creencias acerca de la fe y la ansiedad, que proliferan en la mente de las personas ansiosas. Todas estas pueden tener el efecto de un círculo vicioso:

- «Debo ser un cristiano mediocre para tener tanta ansiedad».
- «Tengo que evitar volver a sentirme ansioso, porque no puedo soportar esas sensaciones».
- «Me siento como si fuera a morirme».
- «Si me pongo peor me van a encerrar en el manicomio».
- «Mi fe debería ser lo suficientemente fuerte como para impedirme estos temores, pero no tengo la fe necesaria, de modo que estoy atrapado en un serio problema espiritual».
- «Nada de lo que pruebo da resultado y me sigo poniendo ansioso, de manera que con toda seguridad ya no tengo esperanza».
- «Dios no me ama lo suficiente, porque si lo hiciera me quitaría estos temores».
- «Las promesas de Dios lucen buenas, pero no se aplican a las personas ansiosas».
- «Dios tiene metas extraordinarias, como lograr la conversión del mundo, que nada tienen que ver conmigo. No se interesa por lo que yo estoy sintiendo en este momento».
- «La Biblia dice que Dios es un Dios de ira y fuego abrasador, y el hecho de saber que soy un fracaso me hace sentir aun más ansioso».
- «No conozco la Biblia lo suficiente y no obtengo nada de su lectura. Por lo que no puedo alimentarme de la verdad y en consecuencia no voy a mejorar».
- «¿Cómo puedo saber en realidad qué es la verdad? ¡Todo es demasiado confuso!».

- «Nunca tendría el valor de enfrentar mis temores. Ya son demasiado fastidiosos, a pesar de que estoy haciendo todo lo posible por eludirlos».
- «Seguramente voy a somatizar esta ansiedad y eso será terrible».

Estas expresiones son una muestra típica de la primera capa de falsas creencias, aquellas que se refieren a la propia ansiedad. Estas falsedades conducen tanto a la *evasión* como a la *depresión*. Lo primero que ocurre es que la persona en conflicto en realidad aumenta su estado de miseria al tratar de evitar esa ansiedad que considera tan terrible, traumática y desastrosa. En consecuencia, la persona se va desilusionando, se siente desesperanzada respecto al futuro y de esa manera se vuelve víctima de las falsas creencias propias de la depresión. Luego, las falsedades que acompañan a esta, tienen la posibilidad de aumentar la ansiedad y así va creciendo la espiral.

La clave para romper el círculo vicioso

Gabriel aprendió a combatir sus propias falsas creencias insistiendo en decirse la verdad. Tenía que desarrollar el hábito de decirse «solamente la verdad». Para ello, primero puso por escrito sus falsas creencias y luego, persuasiva y hasta combativamente, las contrapuso a las verdades que anotó. Cuando Gabriel se descubría a sí mismo sumergiéndose en la espiral de la ansiedad, interrumpía cualquier cosa que estuviera haciendo y se ponía a escribir. Analice esta muestra de su diario:

Falsa creencia:	Verdad:
La ansiedad es terriblemente dañina.	No es así. La ansiedad es incómoda y hasta dolorosa, pero no me va a matar ni a volver loco, ni destruirá mi vida. Si me torturara menos con esas ideas, me sentiría mejor. Así que voy a decirme a mí mismo: «No disfruto esto, pero tampoco voy a hacer que suenen las alarmas».

Falsa creencia:	Verdad:
Debo ser un cristiano mediocre por el hecho de tener tanto problema con la ansiedad.	¿Por qué me estoy diciendo esta basura? Sé que EL PROPIO JESÚS se sintió mucho más ansioso. ¡Hasta sudó sangre! Dios me ama y me perdona por estas falsas creencias, y me está ayudando en este preciso instante a superarlas. Eso es un cristiano: Un pecador perdonado que está siendo sanado por la misericordia de Dios. ¡Seguro que lo soy!
No debo sentirme ansioso nunca más, porque no lo puedo soportar.	¡Fuera con esa basura! Lo cierto es que no debo forzarme a sentir esto o aquello. Sé que sentiré ansiedad de por vida, mientras esté en este mundo. Toda persona que se encuentre viva y que lleve adelante una vida interesante, siente algún grado de ansiedad.
Nada de lo que pruebo da resultado y sigo sintiéndome ansioso, de modo que mi situación debe ser irreversible.	Ninguna condición es insuperable. Tengo la posibilidad de analizar por qué las cosas que he probado no han dado resultado y seguir buscando una solución. Con el tiempo encontraré una salida, porque Dios no me va a abandonar en mis dificultades. ¡Su salvación y su ayuda serán absolutas!
Dios no me ama bastante, porque de lo contrario me quitaría estos temores. Las promesas de Dios lucen buenas, pero no se aplican a las personas ansiosas. Las metas de Él no son las mías, Dios no se interesa por lo que estoy sintiendo en este momento. Dios es un Dios de ira y fuego abrasador, y cuando pienso en Él me pongo aun más ansioso.	La Palabra del Dios vivo dice que Él ama a cada uno de sus hijos, que ama al mundo entero, que no miente y que *siempre* cumple sus promesas. Su Palabra también dice que Él se interesa por mí y que puedo confiarle mis preocupaciones… aun si mis metas todavía no llegan a concordar con las de Él. Dios descargó su ira en Jesús sobre la cruz, por eso Él es mi sustituto. No tengo que enfrentar la ira de Dios, porque Jesús murió en mi lugar.
¿Cómo puedo saber en realidad qué es la verdad? ¡Es todo demasiado confuso!	La verdad de Dios está en su Palabra, en el mundo por Él creado y en la racionalidad que puso en mí. Puedo conocerla y repetírmela si me lo propongo. En este mismo momento, la verdad es que sé que Él está de mi lado.

Falsa creencia:	Verdad:
Nunca podría enfrentar mis temores. Son suficientemente aterradores ahora que trato de evitarlos.	La verdad es que podría encarar aun más ansiedad de la que estoy enfrentando ahora, *si tuviera que hacerlo*. Pero también puedo exponerme gradualmente a las cosas que me atemorizan. Lo esencial es reconocer que debo dejar de eludir mis temores y estar dispuesto a enfrentarlos para avanzar directamente hacia lo que me atemoriza, confiando en que Dios me cuidará.

Además de eso, y quizás era lo más importante, Gabriel aprendió a decirse firme y reiteradamente que la evasión, aunque podía ganarle un alivio temporal, a la larga sólo empeoraría las cosas. *No* tenía por qué evadirlas, sólo porque lo pusieran ansioso, ya que en realidad no eran peligrosas. En repetidas ocasiones se recordaba que no había manera de evitar en forma absoluta la angustia y el sufrimiento, que la vida humana *nunca* está exenta de conflictos y que quería hacer lo que Dios esperaba de él, aun si eso le producía sentimientos de ansiedad.

Al insistir en esas verdades, Gabriel pudo cada vez más tolerar la idea de exponerse a las situaciones atemorizantes, que siempre había tratado de evitar. También pudo romper el círculo vicioso de la ansiedad: el temor al temor.

La fe alimentada por la verdad

A medida que la fe fue alimentándolo con la verdad, Gabriel obtuvo el poder que necesitaba para seguir avanzando en respuesta a Dios. Las Escrituras declaran que la fe se fortalece, cuando la alimentamos con las verdades de Dios respecto a su amor redentor, mostrado en Jesucristo: «Así pues, la fe viene como resultado del oír, y lo que se oye es el mensaje de Cristo» (Romanos 10.17, VP).

Lo mismo que Gabriel, nosotros tampoco debemos alimentarnos con la basura con que nos inunda la ansiedad, como la que sigue: «Dios no me ama lo suficiente». En cambio, debemos sustentar la fe con verdades genuinamente nutritivas como esta: «Dios me ama con un amor eterno e incondicional, infinito e invencible. Lo ha mostrado al enviar a Jesús a sufrir la muerte en mi lugar. ¿Cómo no me dará generosamente con Él todas las cosas?».

Para qué seguir ahogándonos con pan rancio como este: «Las promesas de Dios suenan lindas pero no sirven para mí. Dios nunca escucha mis oraciones… ¡Jamás!». Al contrario, podemos darnos un banquete con la verdad que en realidad fortalece nuestra fe: «Dios no puede mentir. Sus promesas están respaldadas por la vida, muerte y resurrección de Jesucristo, por la poderosa presencia del Espíritu Santo, la garantía plena y final del cumplimiento de todas sus promesas».

La verdad *no* es: «Si no me protejo por mí mismo, Dios quizás permita que sufra más de lo que puedo resistir. Después de todo, Él no puede ponerse en mi lugar, porque no es un ser humano. Nada puede herirlo. Yo, en cambio, soy vulnerable». La verdad es: «Dios sabe lo que es el sufrimiento humano porque se hizo hombre y vivió todos nuestros conflictos, enfrentó lo que le producía ansiedad y salió victorioso, prometiendo ser para siempre mi tierno Pastor que me va a proteger del peligro, aun cuando permita ciertas situaciones dolorosas. Algún día me quitará también esos padecimientos».

¿Puede advertir a través de estos ejemplos cómo se alimenta la fe de la verdad? ¿Puede mirar de qué manera esa fe nutrida en la verdad nos puede ayudar a abandonar los hábitos evasivos y estimularnos a cumplir la voluntad de Dios? Quizás hasta logre percibir la nueva vida, libre de ansiedad, que alcanzará a medida que enfrente las situaciones que hasta ahora ha temido y eludido.

¿Reconocer o creer?

Fe, la fe cristiana, significa en parte creer o declarar la verdad, en lugar de las mentiras e interpretaciones erradas que fomenta nuestra vieja naturaleza, nuestra carne pecaminosa. Pero una distorsión sobre la que podemos tropezar una vez tras otra, en nuestro proceso de sanidad, es el hábito de confundir el hecho de *reconocer* con el hecho de *creer*.

Dos de nuestros nietos, Jenny y Jacob Templeton, han empezado a decir: «¡Eso ya lo sabía!», cada vez que se les dice algo que creen haber escuchado antes.

—Jenny, ya falta poco para Navidad —le dijo mi esposa el otro día.

—¡Ya lo sé! —respondió Jenny.

—Jacob, hoy te has portado como un niño realmente bueno —dijo Candy.

—¡Eso ya lo sé! —respondió Jacob. Yo me reí al escucharlos y pensé en aquellos cristianos que, en lugar de escuchar la verdad e incorporarla a su monólogo interior, oyen la verdad que se predica y la registran como algo *reconocido*, pero no como una creencia personal.

El diálogo interior que mantienen es más o menos así:

—Dios te ama.

—Eso ya lo sé.

—El promete guardar sus promesas.

—Sí, eso ya lo he oído muchas veces.

—Dios protege a sus hijos.

—Sí, eso también lo sé.

En vez de *creer activamente* en la Biblia —aceptándola como un bebé que mama del pecho de su madre y repitiéndosela con vigor frente a las situaciones concretas y difíciles de la vida—, algunas personas sólo hacen un gesto de afirmación a la verdad, que entra por un oído y sale por el otro.

¿No sería ridículo si hiciéramos lo mismo con la comida material? Imagínese sentado a la mesa: Alguien le alcanza el pan y, en vez de recibirlo y comerlo, usted dice: «Sí, eso es pan. Seguro que lo es. Ya lo sé». Y luego se lo pasa a otro.

Sin embargo, eso es exactamente lo que hacen algunos de nuestros pacientes en la terapia con las verdades que podrían liberarlos si las recibieran y empezaran a promoverlas en su interior, activamente. En cambio, cuando tratamos de mostrarles que Dios los valora como tesoros incalculables, que afirma e insiste que sí va a responder a sus oraciones, que lo que otros piensen acerca de ellos no es el criterio absoluto y final o cualquier otra verdad, nos dicen: «Bueno, eso ya lo sé. ¡Pero no parece ayudarme!». ¡Pasan el pan sin siquiera probarlo!

Estamos hablando, no únicamente de conocer la verdad, sino de *interiorizarla*. Si sólo lo reconocemos, suena algo similar a esto: «Me han dicho que tengo que hacer un viaje en avión. ¿Cómo puedo evitarlo? Me traumatiza subirme a un avión. Sí, ya sé que Dios promete estar conmigo en las situaciones que me atemorizan, pero usted no se imagina lo mal que me siento cuando ese aparato despega. Para ese momento, ya estoy todo hecho nudos. No puedo pensar, no puedo respirar, siento que me voy a ahogar. Es terrible. Sería mejor que le dijera al jefe que tengo otro compromiso y que no puedo asistir a la convención».

Por otro lado, si realmente *creyeran*, estas angustiadas personas se alimentarían con la verdad y se dirían: «¿Un viaje en avión? Bueno, más vale que lo enfrente. Si es parte de mi trabajo, tendré que hacerlo. Quizás podría empezar por recordarme lo que Dios dice acerca de su cuidado y protección. Sí, eso es lo que haré. Luego puedo armarme de valor y pasar unas horas en el aeropuerto, simplemente dando vueltas cerca de los aviones, quizás sentarme en alguno un rato, como anticipándome a las situaciones que voy a enfrentar. Voy a asumir la situación y hacer lo que debo, confiando en la Palabra y las promesas de Dios. Voy a ir en ese vuelo porque Dios no miente y Él me ama».

La fe actúa

Recuerde que la fe *incluye acción*: Si no es así, según Santiago, está muerta. Especialmente en las situaciones en que la ansiedad nos sugiere razones para evitar responsabilidades, la fe nos mueve a la acción. Por eso mismo seremos conscientes del conflicto, de dolorosos conflictos.

Ese sufrimiento se debe a que la fe no renuncia; no deja de urgirnos, por ejemplo, a que tratemos de salir de la casa, a pesar de que hemos pasado los últimos tres años quedándonos porque nos da miedo salir. Esa fe viva, laboriosa y activa que tenemos en nosotros, quiere ser alimentada con la verdad, para estar en condiciones de instarnos amable pero firmemente, aun cuando nuestra vieja naturaleza carnal alimentada por la ansiedad no siente deseos de actuar.

Puedo ver en mi mente imágenes de personas concretas, estimuladas por su fe a exponerse a las situaciones que los ponían tensos, respondiendo en obediencia a Dios. Veo a Carolina, por ejemplo, conduciendo una y otra vez su automóvil, superando la escena traumática de su accidente. Puedo ver a Hugo obligándose a subir en ascensor hora tras hora. Puedo ver a Wilfredo, forzándose a ocupar la primera fila en el templo. Y a Mirta, obligándose a imaginar situaciones referentes a la enfermedad y la muerte, a pesar de su miedo irracional. Veo a David, sosteniéndose una mano con la otra para evitar el temblor mientras escribe en los exámenes. Veo a Dorita decidiéndose a tener invitados en su departamento, dispuesta a conversar con ellos y atenderlos.

Algunas personas podrán criticarlos porque no están *disfrutando* de lo que hacen. Pero son un ejemplo de valentía, porque a pesar del miedo, permitieron que su fe los moviera a hacer lo que sabían que Dios quería que hicieran.

Deje de evadirse... usted no está solo

Si seguimos diciéndonos que es nuestra propia responsabilidad protegernos de las cosas que nos atemorizan, los hábitos evasivos van a incrementarse y pueden llegar a arruinar nuestra vida casi por completo. He conocido personas que, a causa de la evasión, han perdido amigos, cónyuges, trabajos y toda posibilidad de éxito. Lo que es peor, se han sentido siempre culpables, porque no podían dejar de eludir aquellas cosas que los ponían incómodos.

De vez en cuando, por el hecho de ser conocido como sicólogo cristiano, me veo involucrado en situaciones extrañas y complicadas. Algunas personas encuentran difícil entender cómo alguien puede creer en la Biblia y ser al mismo tiempo un sicólogo respetable.

En una ocasión, por ejemplo, me encontraba en la plataforma de una de nuestras universidades estatales, disponiéndome a hablar a una audiencia hostil, integrada por estudiantes, profesores y sicólogos. La charla tenía que ver con el cristianismo y la sicología. Sentado en el auditorio, mientras esperaba que me presentaran, empecé a pensar en el público y en el virulento secularismo que permeaba la comunidad universitaria. En las mentes cerradas y en el fuerte sarcasmo que teñiría los comentarios posteriores a la disertación.

¡La leve ansiedad que había tenido empezó a crecer en espiral! El pánico me golpeó, se me aceleró el corazón, la respiración se tornó agitada e insuficiente y mis rodillas empezaron a temblar. *¿Qué estoy haciendo aquí?*, me pregunté. *¿Por qué acepté esta invitación? Yo no puedo hacerme cargo de esto. ¿Cómo puedo escaparme?*

Pero no había forma de escapar... Me dije a mí mismo que Dios quería que estuviese allí haciendo exactamente eso, porque de lo contrario no me hubiera puesto en aquel lugar. Él estaba conmigo. Me dije que si caía de bruces o me desmayaba de ansiedad, no tendría otra alternativa que soportarlo, pero que no estaría solo.

Escuché cómo me presentaban, me puse de pie y caminé hacia el micrófono. Casi sin pensar en lo que decía, empecé la conferencia. Pero me forcé a enfocar, no mi ansiedad, sino lo que decía. Me concentré en la importancia de los hechos que quería comunicar a esas personas, en la verdad de que Dios obra en y a través de las leyes sicológicas que estamos investigando día a día. Que Dios tenía algo que decir respecto a la conducta humana, algo que trasciende las leyes sicológicas, algo que se denomina «la ley del Espíritu de vida en Cristo Jesús».

Cuanto más me concentraba en lo que debía hacer, tanto más me fui calmando. Al rato estaba totalmente relajado, cómodo, pensando con claridad. Aun cuando tuve que enfrentar algunas interrupciones groseras, varios comentarios críticos y preguntas agresivas, pude mantener el control de mí mismo, respondiendo de manera amable y veraz.

¿Por qué? ¿Qué había sucedido?

Son varios los elementos que vale la pena explicar:

- *Exposición al conflicto.* Me obligué a caminar directo al lugar que me producía ansiedad. Estuve durante una hora expuesto a la situación que me atemorizaba y nada terrible sucedió. Así se me fue haciendo obvio, como al perro del experimento de Solomon y Wynne, que después de todo, nada me iba a lastimar.
- *Verdad.* Me dije a mí mismo la verdad acerca de las promesas de Dios, respecto a la seguridad de que, aunque sucediera lo peor,

no sería la tragedia final. «No estás solo, aunque te *sientas* mal», me dije. «Jesucristo afirmó que siempre estaría contigo y Él no miente».

- *Concentración.* En lugar de concentrarme en mi propia ansiedad y pánico, y en todos los pensamientos amenazadores que hubieran inundado mi mente, me concentré con todas mis fuerzas en el material de la disertación, en cómo comunicarlo y en el esfuerzo de persuadir a la audiencia. Después de todo, lo que había ido a hacer allí era importante, tanto para mí como para Jesús, más trascendentales que mis sentimientos de ansiedad.

A veces es conveniente filtrar lo que no resulta esencial en nuestro monólogo interior. Cuando lo hacemos, en una situación conflictiva, debemos plantearnos la pregunta indispensable: *¿Estamos realmente solos?*

Si fuera así, entonces resulta de vital importancia que seamos encantadores y brillantes en toda situación social. Resultaría decisivo que aprendamos recursos para autoprotegernos, manipular a otros y aun desorientarlos, si fuera necesario. También debemos engañarnos a nosotros mismos en algunas ocasiones. Si estamos solos y no estamos seguros de contar con estas y otras cualidades significativas, de desempeñarnos a la perfección, de ganar la aprobación de todo el mundo, mostrarnos calmados y controlados en todo momento... entonces saldremos perdedores. No lograremos triunfar. Llegaremos a la conclusión de que tenemos que protegernos evitando todo aquello que no estemos seguros de poder enfrentar con total seguridad y sin ansiedad.

Pero, en cambio, si en realidad *no* estamos solos, podemos vivir por fe. Nunca dependemos de nosotros mismos, no somos jamás autónomos, sino que dependemos siempre de Dios, y podemos caminar y enfrentar aquello que nos atemoriza. Tenemos la potestad de darnos la oportunidad de descubrir cuán terrible sería si nuestros peores temores se cumplieran, porque aun si eso sucediera, no estaríamos solos. Dios estaría con nosotros. Por eso, podemos prestar atención a cualquier cosa que estemos haciendo y hacerlo de la mejor forma, porque lo estamos haciendo para Dios, que nos ha llamado y nos llena de fe para obedecerle.

«Aun si…»

Pruebe practicar el «aun si…». Dígase a sí mismo verdades como las siguientes:

- «Aun si comprobara que alguien no me quiere, todavía gozaría por fe del favor del Señor».
- «Aun si descubriera que alguien me critica, o que está enojado conmigo, o que ha estado murmurando chismes sobre mi persona, todavía estaría en buena compañía, porque Jesús vivió esas mismas situaciones y salió airoso. ¡Yo también lograría salir bien de eso!».
- «Aun si me perdiera en el camino, puedo sobrevivir porque no estoy solo. Mi Señor ha prometido estar siempre conmigo».
- «Aun si mi automóvil se descompusiera en la autopista, o el ascensor se trabara, o me sobreviniera el pánico en el centro comercial —aun si todas esas cosas realmente sucedieran— mi Señor me sostendría y me daría fuerzas para soportarlas».

Cuando vemos esas cosas «malas» con las que siempre nos hemos sentido amenazados, a la luz de la verdad en Jesús, entonces descubrimos que el amor, las promesas y la protección de Dios pueden hacer que soportemos y que salgamos vencedores por medio de Él, aun en las peores circunstancias. Ni la muerte conserva su aguijón cuando la miramos con los ojos de la fe.

Al igual que Gabriel, usted puede hacer que su fe contrarreste su ansiedad, usando un cuaderno de notas. Empiece reconociendo su conducta evasiva. Luego tome nota de lo que puede hacer por fe y lo que necesita decirse a sí mismo para poder llevarlo a cabo.

Por último… ¡zambúllase! Expóngase a aquello que lo atemoriza. Concéntrese en lo que está haciendo y en hacerlo bien. Aliméntese con la verdad de las promesas de Dios: Él *nunca* va a fallar.

Capítulo 12

Explore sus «Creencias míticas»

Supongamos que hemos descartado las falsas creencias que apuntalaban nuestra conducta evasiva, incluyendo las falsas creencias acerca de la propia ansiedad y de lo horrible que es sentirse ansioso. Supongamos que hemos retirado esa capa de evasión y realizado un franco adelanto en el nuevo territorio. Hemos empezado a transitar en un nuevo paisaje.

A este punto, la capa superior de falsas creencias ya no opera en nuestra contra, porque hemos reemplazado las falsedades por la verdad. Pero hay una segunda capa que, por lo general, sigue presente. A pesar de ello estamos decididos a seguir adelante. La fe viva, laboriosa y activa, que tenemos en nosotros, ha estado instándonos, tierna pero firmemente, a obedecer a Dios en la situacion que antes evadíamos. De modo que debemos ahora explorar este nivel al que llamo «creencias míticas».

«Las creencias míticas»

Esta parte de nuestro proyecto implica entrar en contacto con la capa *subyacente* de creencias y con el monólogo que tanto nos traba. La segunda capa de falsas creencias nos plantea un problema diferente, con el que debemos manejarnos con cuidado y firmeza.

Estas son falsas creencias que *producen* ansiedad, pero que no tienen que ver con ella. Estas nociones son realmente creencias míticas, porque al igual que los mitos, casi siempre se refieren a sucesos que nunca ocurren.

Una vez que hemos descubierto esas creencias míticas, nociones erróneas que subyacen a nuestro temor, necesitamos convencernos de que son falsas y decirnos la verdad en su lugar. Aquí llegamos a la esencia de la fe: Esta no es una suscripción estática a un conjunto de doctrinas (aunque estas son importantes), sino una actitud activa, comprometida, de participación y dinámica, de *enfocar todo en la vida de manera agresiva basados en la verdad*. Cuando la fe está promoviendo la verdad de manera viva, laboriosa y activa, nos dará la victoria sobre esa ansiedad que nos impone el mundo, porque «esta es la victoria que ha vencido al mundo [con toda su ansiedad], nuestra fe».[1]

Este segundo conjunto de falsas creencias, las creencias míticas que son las que generan nuestras emociones ansiosas, parecen tener todas el mismo esquema tripartito. A veces nuestro monólogo ansioso se centra en primer lugar en una o dos de estas partes, pero todas están siempre allí, al menos en forma implícita. He aquí los tres aspectos de toda falsa creencia respecto a la ansiedad. En lugar de X, coloque aquello que le produce un miedo irracional (por ejemplo: Me voy a asfixiar. El avión se va a caer. La gente va a hablar mal de mí, etc.):

1. Hay una gran probabilidad de que X ocurra.
2. X sería un accidente funesto, una terrible desgracia.
3. Para evitar X, debo estar siempre atento, preocuparme y angustiarme, de modo que no ocurra.

Sea que suframos ansiedad mental o somaticemos la angustia, nos programamos para creer que es muy probable que algo trágico va a suceder, de manera que tenemos que concentrarnos en ello y en lo terrible que sería si ocurriera.

Encuentre su propia «X»

¿Qué es X? Eso depende de nuestra propia historia. Siempre es un hecho no deseado, que se percibe como algo enorme, peligroso, mortal, intolerable.

He aquí una lista que le ayudará a identificar algunas de sus propias falsas creencias, aunque quizás necesite agregar otras:

_____ La cena para las visitas va a fracasar.

_____ Los valores de la bolsa van a bajar y eso me va a perjudicar.

_____ Sé que el jefe está molesto conmigo y voy a perder el empleo.

_____ Mi esposa se va a enterar de lo que hice y me va a pedir el divorcio.

_____ ¿Y si me pierdo en algún sitio de la ciudad que no conozco y mientras estoy preguntando me asaltan?

_____ No quiero ir al médico porque podría decirme que tengo una enfermedad mortal.

_____ No quiero pedirle a la gente que me haga favores o me preste cosas porque podrían negarse y entonces sabré con seguridad que en realidad no les importo.

_____ Sé que nunca me va a invitar y quedaré solo para siempre.

_____ No voy a ganar lo suficiente para la jubilación.

_____ Vamos a terminar en la miseria.

_____ Si hay recesión, me van a dejar cesante. Perderé todo lo que tengo.

_____ Podría herirme y quedar incapacitado para siempre.

_____ Quizás mi hijo esté metido en drogas.

_____ Quizás mi cónyuge tenga una aventura amorosa.

_____ Estoy seguro de que Fulano no me quiere.

_____ Estoy haciendo que todos se alejen de mí. Nadie va a quererme.

_____ El ascensor se va a quedar atascado entre dos pisos y me voy a asfixiar.

_____ Voy a aburrir a todo el mundo con mi conversación (o con mi música, mi sermón, etc.) y se van a retirar.

_____ Nadie querrá venir a mi fiesta y voy a comprobar lo poco que me tienen en cuenta.

_____ No tengo capacidad para satisfacer lo que esperan de mí. No debería ser promovido a este puesto.

Agregue a continuación cualquier otra falsa creencia que le produzca ansiedad:

_____

_____

_____

_____

Cuando X es una imagen: Las falsas creencias del hemisferio cerebral derecho

Estos modelos X que he creado, los he expresado en palabras. Pero para muchas personas X es una imagen, una figura mental. En vez de decirse con palabras que tendrán un accidente, lo que hacen es representarse a sí mismos mentalmente en un terrible accidente en la autopista. Algunos llegan literalmente a *verse* rechazados, agredidos, perdedores.

En la pantalla interna de las personas, que tienen mentes de estilo pictórico, cruzan imágenes instantáneas generadoras de ansiedad. Quizás se ven en el mirador, en la cúspide de un famoso edificio de 53 pisos y de pronto el edificio se inclina. ¡Allá van! O bien se ven encerrados en una habitación donde el aire se pone pesado, irrespirable, agobiante. Casi pueden sentir que se ahogan, que luchan por el aire. Si tan solo pudieran abrir la puerta antes de sofocarse.

Las personas en las que predomina el hemisferio cerebral derecho a menudo experimentan su monólogo ansioso en forma de imágenes, mientras que aquellos en quienes domina el hemisferio cerebral izquierdo, tienden a atemorizarse con las cosas que se dicen. Sea que las palabras lleguen o no a la conciencia, creen que X, si sucede, sería terriblemente catastrófico para ellos.

Si a usted le resultó complejo revisar la lista verbal que presentamos más arriba, tal vez se deba a que tiende a visualizar, más que a verbalizar sus «X» personales. Si es así, recorra nuevamente la lista y traduzca las palabras en imágenes, para ver si alguna de ellas tiene relación con las suyas.

Descubra su equipo audiovisual mental

No debiera ser tan difícil localizar sus propias falsas creencias generadoras de ansiedad. Preste atención con su «oído interior» u observe su pantalla interna, en aquellas ocasiones en que se sienta ansioso o esté empleando alguna maniobra evasiva. Anote sus pensamientos cuando se encuentre en medio de una situación de ansiedad. No haga concesiones con las mentiras que se está diciendo.

El momento apropiado para anotar es cuando está en medio de la tensión. ¿Por qué? Porque normalmente tratamos de reprimir nuestras falsas creencias y olvidarlas, junto con la sensación incómoda que nos evocan.

Una vez que ha ubicado y registrado su propia X, y las falsas creencias con las que se ha estado alimentando, ya está listo para generar algunos cambios. En primer lugar, determine si la probabilidad de X es en realidad alta. A fin de cuentas, la vida nos enfrenta a riesgos verdaderos. Por ejemplo, ¿qué posibilidad hay de que no disponga del dinero necesario para el pago de la hipoteca cuando llegue el vencimiento? Si es muy probable que eso suceda, entonces deje de restregarse las manos y de sentirse mal. En vez de eso, empiece a buscar una solución para el problema.

Ore y luego actúe

Lo próximo que debe hacer es ponerse de rodillas y pedir ayuda a Dios, creyendo que lo que dice su Palabra es verdad: Él *es* «nuestro pronto auxilio en las tribulaciones» (Salmos 46.1). Luego actúe. Pídale al prestamista una prórroga, explique su situación, comprométase a contar con el dinero para tal o cual fecha. Considere si convendría vender el auto que tiene y conformarse con uno un poco más viejo, y destinar la diferencia a pagar la deuda. Cualquier cosa que pudiera hacer, *hágala*.

Si no puede hacer otra cosa que orar, entonces tiene que enfrentar el hecho de que quizás pierda la casa. En ese caso, empiece a planear dónde buscar refugio cuando eso ocurra. Luego empiece a tomar medidas concretas al respecto.

Mientras tanto, deje de repetirse que está arruinado para siempre y que su destino es peor que la muerte. Por supuesto, no resulta nada agradable que su casa vuelva a manos del banquero. Pero le ha sucedido antes a otros que se han recuperado y seguido adelante. Algunos, inclusive, han vuelto a ser propietarios.

No es necesario que diga que no es penoso: lo es. Pero tampoco se precisa que afirme que es el desastre total. Escriba las verdades apropiadas lado a lado con las falsas creencias a las que se oponen. Escriba en frases contundentes, discútalas. ¡Presénteles batalla!

¿Es en realidad poco probable que X ocurra? ¿Qué posibilidad real existe de que tenga que pasar al frente en la congregación? ¿Qué probabilidad concreta hay de que contraiga una terrible enfermedad por tocar un picaporte? ¿Qué seguridad tiene de que la gente lo va a criticar despiadadamente por su manera de leer en voz alta en la clase bíblica? ¿Cuántas personas conoce que se hayan asfixiado en una habitación por tener las puertas cerradas? Usted sabe que en realidad ese ratón no lo va a atacar, ni le hará daño si pasa por encima de sus zapatos.

Si aquello que lo atemoriza tiene pocas posibilidades de suceder, tiene que cambiar su monólogo interior y dejar de predecirse una desgracia. Anote la verdad, respecto a las posibilidades reales de que X suceda, en la columna paralela a sus propias predicciones fatalistas.

«Sí», lo escucho decir, «pero si llega a *ocurrir*, ¡será insoportable, tan horrible, tan desagradable, que ni quiero pensar en ello!». Entonces ahora debe preguntarse honestamente: «¿Qué puede suceder si en verdad ocurre? ¿Qué pasaría en realidad?, ¿qué tendría que hacer yo?, ¿cuáles serían las auténticas consecuencias?».

«Lo peor» que podría ocurrir

Excluyendo la condenación eterna, ¿no es la muerte lo peor que podría llegar a sucedernos? Ninguno de nosotros puede eludirla para siempre, no importa cuánto lo intentemos. En realidad, el hecho más seguro de nuestro futuro es la muerte.

Pero Jesucristo le ha arrebatado su aguijón y su victoria. La verdad es que la muerte, aunque el momento y la forma en que se presente puedan parecernos inapropiados y dolorosos, es en realidad el camino a la bendición eterna que es nuestra herencia en Cristo por fe. Para el creyente, ni siquiera es *muerte,* porque Cristo la abolió, y ha traído a la luz la vida y la inmortalidad (véase 2 Timoteo 1.10).

Aun si aquello que le produce temor lo matase, no lo podría destruir, porque lo que alcanza a matar su cuerpo no puede en realidad hacerle ningún daño. No puede destruir su alma y por lo tanto no puede destruirlo a *usted* (véase Mateo 10.28). Quizás necesite poner esta verdad por escrito y repetírsela con firmeza.

Sin embargo, la mayoría de las cosas por las cuales se preocupa, no lo llevarán a la muerte, aun si llegaran a ocurrir. La mayoría de las cosas que usted se imagina tan terribles, no lo son en medida extrema. La mayoría de ellas, que ha rotulado como catastróficas, no lo son en realidad. Desagradables, probablemente. Incómodas, sí. Difíciles, quizás. Pero no lo van a eliminar de la faz de la tierra.

Cada vez que se diga que si tal cosa sucediera «no podría soportarlo», enfrente el hecho de que *sí* podrá hacerlo. Podrá, de hecho lo hará y tal vez sobrevivirá también. Si esta es parte de la verdad que necesita decirse, anótela.

«Me es imprescindible preocuparme».

La tercera parte de X, la idea de que debe concentrarse siempre en X y preocuparse de manera que su mente no divague demasiado lejos de la amenaza y el terror que le produce, es en realidad la menos lógica. Después que haya tomado todas las medidas que en efecto puede, entonces, lo que debe hacer es enfrentar abiertamente el hecho de que ya no tiene nada más que hacer para prevenir X. Si este es el caso, X está en las manos de Dios. Dígase la verdad acerca de Dios, de su confiabilidad, de su perfecto amor, su fidelidad y su constancia. Dígase que si X llegara a causarle la muerte, Dios, entonces, guardará de usted y los suyos. En última instancia, nada puede hacerle daño, de modo que no tiene por qué angustiarse por X.

De hecho, cuanto más se aflija repitiéndose una y otra vez lo terrible que es X, estará en peores condiciones para lidiar con la situación cuando esta se presente. Una vez que ha dado lo más cerca posible del blanco, tomando las precauciones sensatas para que X no ocurra, el hecho de ponerse ansioso y nervioso no va a mejorar sus probabilidades de supervivencia. Jesús lo dijo de manera muy gráfica, cuando expresó que nadie puede prolongar ni un segundo su propia vida, ni aumentar un centímetro su estatura, por el solo hecho de afligirse al respecto (véase Lucas 12.25-26). Ponga esta verdad por escrito. Dígase con mucha claridad que no tiene ningún sentido ponerse nervioso por lo que podría llegar a suceder.

Cómo absorber la verdad

Uno de los aspectos, relacionados al crecimiento de la fe, es reemplazar progresivamente con la verdad las falsedades a las que nos hemos estado aferrando en nuestras reflexiones más profundas. Ahora debe hacer que la verdad llegue hasta el centro de su ser, a «lo íntimo», como expresó David en el Salmo 51, donde recuerda lo mucho que Dios desea esto precisamente.

A menudo la gente me pregunta: «¿Qué debo hacer para que la verdad entre a mi corazón?». Deduzco que esa debe ser su pregunta también, si es que está cada vez más deseoso de hacerle la guerra a sus preocupaciones y ansiedades. En el próximo capítulo vamos a analizar seis maneras en las que puede hacer que la verdad fluya dentro de usted a fin de alimentar su fe.

Capítulo 13

Cómo llevar la
verdad a su corazón

Hace poco he estado recordando mucho a Dora. Sigue sufriendo de ansiedad, la que la ataca en forma de pánico. Ella toma de modo sistemático las píldoras antidepresivas que le han indicado, ha leído mis libros, entiende lo que le he dicho acerca de la verdad y registra con precisión su monólogo interior. Pero aun así, sigue sufriendo ataques de pánico.

Dora conoce mucho acerca de la verdad, pero todavía no conoce *la verdad*. Por eso, lo que hace es contrariarla, defendiendo sus falsas creencias de autocondenación y perfeccionismo. Es como un fiscal decidido a obtener la sentencia del acusado, aunque en este caso ella misma es la acusada que conoce todos los hechos y argumentos que prueban su inocencia.

«Sé que se supone que debo aceptar mis errores, pero desconozco cómo nacerlo», me dice. «Por ejemplo, ya debería haber superado este problema, pero no lo he logrado. No estoy mejorando en absoluto. ¿Verdad que no podré sanar?».

Si le respondo que la gran mayoría de las personas sí sanan, argumenta que con toda seguridad ella será una de las que nunca mejorarán. Si le digo que sus predicciones fatales son infundadas y que el hecho de reiterarlas sólo logra ponerla más ansiosa, responde que se da cuenta de

eso, pero que está segura de que seguirá cada vez peor, no importa cuánto se esfuerce por evitarlo. Si le digo que un poco de ansiedad no puede
hacerle daño, me rebate diciendo que mis palabras sólo son la prueba de
que nunca se sanará, que siempre seguirá sufriendo como ahora. Si lee
algún libro para ayudarse a aprender la verdad y repetírsela, encuentra
algo en lo cual concentrarse que la pone aun más ansiosa. Si acude a la
Biblia en busca de la verdad, sólo capta lo lejos que está de sus normas,
por lo que se pone más y más deprimida y ansiosa.

Fe sin confianza

La percepción que Dora tiene de la verdad, que es primordialmente
intelectual, debe trasladarse de su cabeza al corazón, del lugar donde
su mente archiva sólo información, al centro de su alma, donde el yo se
habla a sí mismo, donde se desarrolla el monólogo interior que controla
las emociones y las acciones.

Quizás usted no sepa nada acerca de la verdad, relacionada a su
ansiedad, ni siquiera en su intelecto. Pero también es posible que esté
en la misma situación que Dora. Quizás «sabe» la verdad acerca de su
ansiedad, de una manera intelectual, pero no todavía en su corazón. Con
respecto a sus temores, tal vez tenga alguna especie de fe, pero como la fe
muerta que describe Santiago, fe que no lo libera de sus temores y apre-
hensiones irracionales. Es una «fe» sin confianza.

Lleve la verdad a su corazón

Si este es su caso, puede aprovechar las seis técnicas que siguen para
trasladar la verdad de la mente al corazón:

1. *Ore pidiendo el Espíritu Santo.* Melina me había consultado con la
esperanza de superar la ansiedad que le producía separarse de alguien.
Desde los primeros días en que asistía a la escuela, separarse de su madre,
y más tarde de su hogar, habían sido para ella situaciones muy difíciles
y en ocasiones imposibles. Ahora, a los treinta y tres años, Melina tenía
mucha dificultad para obligarse a emprender un viaje fuera de su propia
ciudad.

Trabajamos por un tiempo para identificar sus falsas creencias. Las descubrió y aprendió la verdad que debería reemplazarías; pero sólo lo hizo como rutina. Nada cambió. Seguía atemorizada y, lo que es más significativo, seguía alimentándose con sus viejas falsas creencias. ¿Qué era lo que fallaba? ¿Qué podría producir una verdadera diferencia? Para responder a esas preguntas, recorrimos las Escrituras para examinar el papel del Espíritu Santo.

El Espíritu Santo hace muchas cosas a favor de los hijos de Dios. Pero, en el caso de Melina, quería centrarme exclusivamente en el papel que cumple grabando la verdad en nuestro corazón. Jesús lo llamó «el Espíritu de verdad» y prometió que nos guiaría a toda verdad (véase Juan 16.13). Todos entendemos perfectamente que el Espíritu Santo no inscribiría en el corazón de los creyentes una enciclopedia completa. Jesús se estaba refiriendo a la verdad de sus propias enseñanzas, incluyendo aquella de que los suyos no tienen necesidad de vivir con ansiedad y temor (véase Mateo 6.25-34).

Esta era precisamente la verdad que necesitábamos para Melina. De modo que oramos pidiendo el Espíritu Santo, pensando en la promesa especial del propio Jesús respecto a esas peticiones: Él garantiza que Dios *dará* «el Espíritu Santo a quienes lo pidan» (Lucas 11.1-13). He aquí la plegaria que hicimos:

> *Ilumina mi mente, oh Dios, por medio de tu Espíritu Santo, al que tú envías, para que, como tu Hijo Jesús lo prometió, pueda ser llevada a toda verdad. En el nombre de Jesucristo. Amén.*

Además de esto, Melina aprendió a orar por el Espíritu de verdad cuando «estaba en apuros», es decir, precisamente en esos momentos en que tenía que hacer algo que con toda probabilidad la pondría ansiosa.

Muchas personas en situaciones similares han orado en mi consultorio pidiendo el Espíritu Santo. A veces no sienten nada especial en ese momento. En otras ocasiones parece ocurrir una sanidad instantánea y completa. Pero esa oración siempre coloca un fundamento seguro, por el cual creer en la promesa divina de que el poder de la verdad estará obrando dentro de la persona que lucha contra la ansiedad.

2. *Empápese en las Escrituras.* Tengo la impresión de que muchos cristianos leen la Biblia o creen que deben leerla, por obligación, como un deber sagrado, lo mismo que honrar a los padres, ofrendar, asistir a la iglesia y orar. Creo que esta noción produce un enorme daño, porque oscurece la verdadera razón por la que debemos empaparnos en las Escrituras como una esponja. Lo cierto es que no es algo que *debemos* hacer porque Dios lo *ordena*. En realidad, es difícil encontrar en la Biblia un mandamiento expreso de que debamos leerla.

Creo que las dos razones principales para llenarnos de las Escrituras son las siguientes: Primero, la Biblia es la fuente de toda verdad definitiva y absoluta, la única verdad con la que con toda certeza podemos contar. En segundo lugar, la Palabra de Dios es uno de los medios por el cual el Espíritu Santo produce cambios en el corazón (o en los centros del monólogo interior) de los creyentes, cambios que se traducen en una fe potente y efectiva.

Es decir, la Palabra de Dios no es sólo impecablemente cierta, sino que es también *poderosa,* porque el Espíritu Santo viene a nosotros, entra en nuestro corazón y obra en nosotros por medio de ella. De modo que la Palabra no es sólo como una vara de medir que verifica la verdad, sino que es agua y comida que vitaliza a la persona que quiere caminar en la verdad.[1] Coma y beba de las Escrituras, porque por medio de ella el Espíritu Santo siembra la verdad en el centro mismo del jardín de su alma.

3. *Expóngase, por la experiencia, a la verdad que puede transformar.* Permítase vivenciar, de manera concreta, el contacto con aquello que tanto lo atemoriza. Esto es precisamente lo que estamos trabajando con Dora en esta etapa. Ya hemos analizado este paso, en términos más o menos similares, al hablar de *exposición y control de la reacción habitual.*

En esta etapa usted empezará, poco a poco o de una vez, a desafiar sus viejos esquemas de comportamiento evasivo. En el caso de Dora, le pedimos que visualice, mientras está profundamente relajada, las situaciones que la atemorizan. En otros casos, lo que proponemos al paciente es que enfrente la situación y sencillamente experimente la ansiedad, hasta agotarla por completo. En otras situaciones, el paciente planifica exponerse de forma gradual a dosis crecientes de la situación que le produce ansiedad.

Lo decisivo es descubrir, por la propia experiencia, que la situación temida en realidad no le produce ningún daño, y que la ansiedad finalmente va a disminuir y hasta puede llegar a disiparse totalmente. La experiencia, el encuentro directo con las situaciones reales y con el efecto que producen en usted, puede modificar algo que por el momento sólo sabe en su mente, así como transformar esa verdad en una creencia vital y decisiva, que con firmeza se encuentra implantada en su corazón.

4. *Expóngase a las experiencias de otros.* Necesitamos expresar nuestras experiencias con otros cristianos, por medio de las conversaciones y a veces en forma directa. Esa es una de las razones por las que necesitamos el compañerismo cristiano de la iglesia. La experiencia vicaria, aunque no tiene el mismo poder que nuestros propios encuentros con la realidad, puede reducir sensiblemente la ansiedad trasladando la verdad de la mente al corazón.

Luisa había desarrollado un miedo enorme a casi todo lo que, en su imaginación, pudiera contener vidrio molido. Tenía miedo de ingerirlo por accidente y que muriera. Empezó a evitar el azúcar, la sal, la comida de los restaurantes, la harina, porque —quién sabe— podría tener vidrio molido y quizás no lo viera.

Ahora bien, es importante aclarar que Luisa sabía, a nivel intelectual, que la probabilidad de que eso ocurriera era tan, pero tan ínfima, que podía descartarse. Pero no lo sabía en su corazón. De modo que le pedí que trajera un puñado de vidrio molido a nuestra próxima sesión.

Lo trajo en una pequeña caja metálica. Sin vacilar, sumergí mis manos en el recipiente, pasé el vidrio de una mano a otra, me lo froté en la piel, en el rostro y hasta en los labios. Ella me miraba horrorizada. Pero a medida que yo seguía manipulando el vidrio sin que pasara nada, Luisa empezó a sentirse dispuesta a tocarlo ella también y luego a imitar mis gestos.

Poco a poco perdió el temor de que cualquier sustancia pudiera estar llena de vidrio molido. Por medio de mi experiencia, comenzó a trasladar la noción de que el vidrio molido no era tan terrible, después de todo, desde su mente a su corazón; por lo que estuvo en condiciones de progresar y sanar.

Muchas personas han pasado por la experiencia de atreverse a hacer algo que los atemorizaba, después de observar a alguien, en quien confiaban, hacerlo sin consecuencias dañinas: saltar desde el trampolín, montar un caballo que parecía enorme y peligroso, trepar para entrar por un ventanal roto a un granero abandonado. De la misma manera, observar ahora a otros hacer esas cosas que nos atemorizan y tomarlos como modelos, puede ser el punto de partida para empezar a contrarrestar las falsas creencias que generan ansiedad en nuestro corazón. Así podemos trasladar nuestra fe en la verdad, desde nuestro intelecto hasta el centro de nuestra vida.

5. *Aprenda a argumentar de manera efectiva.* Aprenda a discutir en nombre de la verdad. Esto puede parecerle un consejo algo extraño, contrario a lo que le han enseñado. Cuando piensa en una discusión, quizás imagina personas actuando de manera airada, agresiva, descortés. Pero en realidad, una discusión no necesita ir acompañada de peleas. Una discusión puede ser positiva, afectuosa, alegre. Discutir es una de las mejores habilidades que puede desarrollar, para llegar a estar profundamente convencido de la verdad.

Cuatrocientos años antes de Cristo, un hombre sabio y bueno llamado Sócrates, emprendió la búsqueda de la verdad en el ágora de Atenas. Sócrates conducía a las personas a la verdad de manera amable, por medio de la discusión (con frecuencia llamada diálogo). Es cierto que nunca se propuso discutir para herir o humillar a otra persona, ni lo hacía para sobresalir él. Su meta era descubrir y vivir la verdad, y ayudar a otros a hacer lo mismo.

Algunos terapistas discuten con sus pacientes (yo mismo lo hago a veces con resultados bastante satisfactorios), con el objetivo de ayudarlos a convencerse de la verdad, a tal punto, que esta penetre en sus corazones. Si usted ha tenido esa clase de terapeuta, él o ella esperan que debata y defienda sus falsas creencias, en tanto él hace lo propio para refutarlas. En la medida en que se sumerja en la discusión con el terapeuta, es probable que imite y asimile las estrategias que este usa. Luego podrá utilizar las mismas tácticas para refutar sus propias falsas creencias, abriendo espacio en su corazón para que la verdad eche raíces y crezca.

He aquí un ejemplo de lo que quiero decir por discusión terapéutica:

—Estoy seguro de que Dios me ha abandonado.

—*¿Por qué está tan seguro?*

—Porque no siento su presencia.

—*¿Cómo se sentía cuando experimentaba la cercanía con Él?*

—Bien.

—*¿Quiere decir que ahora no se siente bien?*

—Así es. Me siento muy mal.

—*¿Dice que el hecho de no sentirse bien demuestra la ausencia de Dios?*

—Eso creo.

—*¿Cómo se sentía Jesús cuando lloró frente a Jerusalén?*

—No muy bien, supongo.

— *¿Estaba Dios lejos de Jesús?*

—No. Él siempre estuvo cerca de Dios.

—*¿Cómo se sentía Abraham cuando estaba atando a su hijo Isaac para sacrificarlo sobre el altar?*

—Muy mal, me imagino.

—*¿Estaba Dios ausente?*

—No. Dios estaba allí, Él mismo detuvo el sacrificio de Isaac.

—*¿Todavía piensa que el hecho de sentirse mal es prueba de que Dios está ausente?*

—Supongo que no puedo probar que Dios me ha abandonado, ¿verdad?

He aquí otro ejemplo:

—¡No puedo seguir soportando estos sentimientos tan horrendos!

—*¿Dice que no los puede soportar más?*

—¡No, son insostenibles!

—*¿Qué hará si se vuelven a presentar?*

—No lo sé. ¡Pero no quiero sentir más lo mismo! ¡Ya no puedo continuar resistiendo!

—*¿Dice que no los soporta y que no puede resistir más, pero que no sabe qué hará si se vuelven a presentar?*

—Así es.

—*Yo sé lo que hará.*

—¿Qué?

—Los *soportará* y los *resistirá.* *¿Qué otra cosa puede hacer?* Y también *sobrevivirá, tal como ha ocurrido hasta ahora.*

—Sí, supongo que así será.

En vez de defender sus propias falsas creencias contrariando los argumentos y razonamientos del consejero, trate de invertir el procedimiento. Emprenda una apasionada discusión con las falsas creencias de algún amigo. Cuando resulte apropiado, cuando sepa que alguien a quien conoce necesita ayuda o consejo, sea usted quien defienda la verdad.

Supongamos que alguien le cuenta de su propia ansiedad, por lo que resulta obvio que necesita y desea su ayuda o consejo. Ahora *usted* es el consejero. ¡No tenga dudas! Dios ha formado a su pueblo de tal manera que, entre otros servicios, los suyos puedan enseñarse y amonestarse unos a otros.

Su amigo le dice que la ansiedad que siente es tan honda que no puede soportarla. Usted ahora le refutará, con delicadeza y persuasión, haciéndole preguntas como hacía Sócrates y como el consejero en el ejemplo que dimos. Siga cuestionando a su amigo hasta que admita que estaba sobrevalorando los hechos cuando afirmaba que ya no podría resistir más y hasta que reconozca que *sí* puede soportar la ansiedad, aunque preferiría no tener que experimentarla. Eso, como usted sabe, es la verdad.

Después podría pasar a otras creencias que generan ansiedad. Lo importante es que aquí su papel es el de argumentar *a favor de la verdad* y *en contra de las falsas creencias* que están destruyendo la paz mental de su amigo. Este es un servicio de amor, aunque usted también sacará provecho, porque al refutar los problemas de otra persona, está enraizando más profundamente la verdad en su propio corazón.

Quizás encuentre provechoso estudiar algunos de los *Diálogos* socráticos escritos por Platón,[2] para observar por usted mismo de qué manera Sócrates acompañaba a la persona con sumo respeto a descubrir y reconocer la verdad. Imitar algunos de sus métodos de discusión puede ser de mucha ayuda.

Por último, las discusiones decisivas son las que tendrá consigo mismo, refutando sus propias creencias falsas. Si usted está vivo en Jesucristo, lleno del Espíritu Santo, lleva muy dentro una situación propensa a las más ardientes discusiones. La persona nueva en Jesucristo que hay en usted, en reiteradas ocasiones tiene que entrar a debatir con la persona que era, con el viejo yo aliado al diablo, al mundo, a la carne pecaminosa. Esa pecaminosidad puede seguir aferrándose a la persona, a pesar de que ha sido crucificada y resucitada con Jesucristo por Dios el Padre a una nueva vida. Esa carne pecaminosa, el viejo yo, tratará de promover en su mente las viejas mentiras del diablo para volverlo más y más ansioso.

Las discusiones en esta circunstancia serán muy similares a las disputas entre sus falsas creencias y su consejero terapeuta, así como también a los debates entre usted y las carnales convicciones mentirosas de su amigo. Sólo que en este caso, usted discutirá con su propia vieja naturaleza, la carne pecaminosa, que todavía ronda tratando de producir conflictos, a pesar de que en Cristo ha muerto a la vieja naturaleza. Las discusiones en este caso pueden no ser tan amables.

Pablo se refiere a otra clase de batalla en Efesios 6.10-18, la batalla contra las fuerzas de las tinieblas. Participar en ella le dará la experiencia concreta en la clase de fe viva que puede extinguir los temibles dardos de incredulidad y error que hay en el arsenal de sus tres enemigos: el diablo, el mundo y la carne.

He aquí un diálogo típico entre usted y su vieja naturaleza, es decir, entre la nueva persona y la carne pecaminosa y engañadora:

- *La carne:* Nadie te querrá ni deseará ser tu amigo por haberte puesto nervioso al decir tu discurso.
- *Usted:* ¿Y Dios? ¿Acaso deja de querernos, acaso rechaza o abandona a las personas porque se sientan ansiosas?
- *La carne:* Supongo que no. Me figuro que ama a todas las personas. ¿Y qué?
- *Usted:* Que si Dios no me ha abandonado, no tengo por qué temer a nadie, porque es el mejor amigo que alguien puede llegar a tener y el único que en última instancia necesito en realidad. Me voy a sobreponer mucho más rápido si enfrento el hecho de que, si bien

es muy lindo que otras personas me aprecien y me admiren, no es algo decisivo. ¡Lo decisivo es ser uno con Dios! Y eso es lo que soy por medio de Jesucristo que lo dio todo por mí.

* *La carne:* Toda esa jerga religiosa suena muy bella, pero no cambia el hecho de que estás otra vez angustiado, y que mostrarse ansioso es una gran limitación desde el punto de vista social. La vida se vuelve un desastre cuando no les agradamos a las personas.

* *Usted:* ¿Y por qué la gente habría de marginar a los que se muestran ansiosos?

* *La carne:* La mayoría admira a los que se muestran serenos, fuertes, competentes, no a los que son nerviosos y tensos.

* *Usted:* ¿Es lo mismo «admirar» que «querer»?

* *La carne:* No. Pero cuando te vean tenso y ansioso, la gente no sólo no te va a admirar sino que tampoco te va a querer.

* *Usted:* Me pregunto hasta qué punto es cierto. Yo quiero a Elena, a pesar de que ella no haría ni el intento de ponerse en pie para hablar en público. Le daría pánico si tan solo le mencionara algo así. Cuando una persona está dando una disertación y se percibe nerviosa, me identifico con ella, en lugar de sentir rechazo. En especial si de entrada admite que está nerviosa. Admiro su sinceridad. Creo que esta noción que estás planteando es totalmente falsa.

* *La carne:* Espera a la próxima vez que te toque hablar en público. Harás el ridículo, a pesar de todas esas lindas ideas.

* *Usted:* Quizás sí o quizás no. Pero no voy a eludir la disertación. En lugar de eso, voy a orar y pensar acerca de cómo puedo salir adelante. Aun si no recibiera aprobación de otros, puedo contar con que Dios me ama. Voy a revisar esa falsa creencia de que la gente no me va a querer si advierte que me siento ansioso. ¡Creo que me has estado mintiendo!

6. *Cultive nuevos hábitos.* Desarrolle nuevos hábitos mentales, practicando, practicando y practicando. Desarrolle el hábito de prestar atención a lo que ocurre en su mente cuando está evitando algo porque le produce temor o cuando se siente ansioso. La mayoría de las personas

presta atención a lo que ocurre de la piel para afuera, y a los fenómenos y sensaciones de su propio cuerpo, pero ignoran sus pensamientos, que generan la ansiedad e inducen a conductas evasivas. Pruebe tratando a los sentimientos de ansiedad como señales que lo incitan a preguntarse: *«¿Qué es lo que me estoy diciendo en este preciso instante? ¿Qué es lo que estoy creyendo y hablando? ¿Qué relación hay entre estos pensamientos y la ansiedad que siento?».*

Desarrolle el hábito mental de plantarse con firmeza y debatir contra las falsedades que alberga su mente. («Eso es en realidad doloroso y amenazante. ¿Lo es en verdad? Veamos otra vez de qué se trata».) Aprenda a preguntarse de qué manera esos pensamientos generadores de ansiedad son en realidad falsos, contrarios a los hechos o innecesariamente intimidatorios. («Si eso sucediera, ¿podré soportarlo? ¿Sería tan malo como me estoy diciendo que podría ser? ¿O sería sólo algo desagradable?».)

Desarrolle el hábito mental de inquirir por la verdad y reemplazar con ella los pensamientos falaces y atemorizantes que descubra en su reflexión. («Debo admitir que marearme, transpirar, sentir que se acelera el pulso y demás, *no* son situaciones tan peligrosas como he estado dando por sentado. Son síntomas normales de ansiedad. Eso es todo».)

Discuta a menudo con sus creencias erróneas hasta que lo haga un hábito, un buen hábito, un hábito de fe.

Capítulo 14

ACEPTE LA ANSIEDAD

Nunca antes había visto a alguien como Valerio, que llegó ayer a mi consultorio y planteó dos situaciones que le aquejaban. La primera era que padecía de una desagradable enfermedad que había sido declarada incurable, crónica e imposible de «diagnosticar» por los expertos de la medicina. La segunda parte de su conflicto era que, a causa de esa enfermedad, había sufrido una súbita disminución en sus ingresos.

—¿Por qué ha venido a consultar a un sicólogo clínico? —le pregunté perplejo—. ¿Busca apoyo? ¿Quiere reducir la tensión? Sus médicos no han sugerido que su patología sea *sicológica*. Tampoco la disminución en sus ingresos es un desorden emocional. Son agravantes, sí, pero no una enfermedad mental de la que se pueda recuperar conversando conmigo. Lo que usted tiene entre manos son *hechos* desagradables, no fantasías.

—*¡No me gustan los hechos!* —contestó Valerio a gritos—. *¡No quiero adaptarme!*

Aunque acerté al afirmar que era inapropiado darle tratamiento sicológico por una enfermedad orgánica o por una merma en sus ingresos, lo que dije lo irritó enormemente. Mi intención era que se encaminara hacia la aceptación. Me hubiera gustado ayudarlo a aceptar los hechos y a vivir con ellos sintiéndose satisfecho con su circunstancia. Pero rechazó esa meta y salió de mi consultorio lleno de inconformidad.

¡La ansiedad es parte de la vida!

No necesitamos ser como Valerio y evadir la realidad. En vez de eso, podemos tomar en serio lo que le dije a él respecto a aceptar los hechos. La ansiedad, aun la que es intensa en ciertos casos, forma parte de la vida. Aquellos que quieren superar la ansiedad que los paraliza pueden hacerlo. Quizás no se verán libres por completo de ansiedad, pero no necesitan verse bloqueados por ella.

¿Se siente nervioso cuando tiene que disentir con alguien? ¡No es el único! ¿Se siente tenso, incómodo, cuando le piden que dé su testimonio en la iglesia? ¡No está solo! Cuando tiene una entrevista de trabajo, ¿le transpiran las manos y se le hace un nudo en el estómago? ¿Le sucede que cuanto más trata de disimular su nerviosismo, tanto más tartamudea, balbucea y termina enredándolo todo? ¿No se siente en un conflicto enorme cuando tiene que negar un pedido? ¿Lo pone al borde del colapso tener que realizar un examen? ¿Se siente un poco nervioso cuando mira hacia abajo desde el balcón de la habitación del piso número veinte de un hotel? ¡Sí! Lo cierto es que usted ha tenido, como noventa por ciento de la raza humana, al menos algunas de estas experiencias.

La vida está llena de disgustos, enojos, molestias, obligaciones y crisis. La vida humana normal contiene cierto grado de ansiedad. Después de todo, es una lucha que en la Biblia se describe como *batalla*.[1] Ningún pasaje de las Escrituras se refiere a la vida como un dolor de cabeza, pero a menudo es eso.

Igual que Valerio, muchas personas han llegado a la errónea conclusión de que la fe cristiana, si funciona apropiadamente, debiera garantizarles que nunca sufrirán una enfermedad incurable o una derrota. Es seguro que Dios va a hacerlos ricos y famosos. Se han decidido a estar siempre «victoriosos» y con eso quieren definir que su vida debiera estar libre de molestias o cualquier otra cosa similar.

Pero esa no es la figura que el Espíritu Santo grabó en la cubierta de las Sagradas Escrituras. Ni es la perspectiva que nos da una revisión de la historia. Al contrario, aprendemos tanto de la Biblia como de la experiencia, que nadie puede transcurrir por la vida sin enfermedades, sin perder seres queridos, sin experimentar rechazo, crítica, errores, tiempos de tremenda soledad, sufrimiento físico y angustia emocional. Rara vez hay el dinero suficiente para todo. La mayor parte de los niños, de manera ocasional, desilusionan a sus padres. Los matrimonios no alcanzan las románticas expectativas que tenían antes de casarse y nuestro equipo favorito no siempre sale campeón.

El novelista inglés Thomas Hardy observó que nada, en realidad, satisface siempre nuestras expectativas. Personalmente agregaría que nada es tan bueno, como para no tener al menos un matiz de ansiedad en los bordes.

Una falsa creencia radical: No debería padecer ningún sufrimiento

Muchas personas, como Valerio, detestan que se les recuerde la realidad. Rechazan su existencia aunque estén inmersos en ella y tratan de convencerse de que tiene que ser posible transcurrir por la vida sin sufrir, con sólo tener la «fe» suficiente (lo que definen como un alto nivel de «espiritualidad»). Algunas personas hasta piensan que no son verdaderos cristianos si sufren algún grado de ansiedad.

Lo que estoy procurando decir es que alguna medida de ansiedad, como la que produce la idea de la muerte o tener que pagar los impuestos, forma necesariamente parte de la vida. No es intención de la fe cristiana, ni de una sicología seria, capacitarlo para que flote lánguidamente por encima de las reyertas propias de la existencia. Valerio necesitaba aceptar sus limitaciones, no importa con cuánta vehemencia insistiera que tenían que desaparecer. Y usted también debe aceptar los sentimientos de ansiedad como parte de su existencia humana. Puede mejorar, pero es probable que nunca se libere *totalmente* de ellos, porque la ansiedad no es una enfermedad. Es una emoción humana normal, que forma parte de la vida, en tanto estemos de este lado de la resurrección.

En realidad no es sólo parte de la vida humana. En las tormentas de verano, unos minutos antes de la tremenda descarga de los relámpagos, nuestra cama empieza a temblar. La causa: Los temblores de Mocha, nuestro enorme pastor alemán de casi cuarenta kilos. La pobre perra ha escuchado la tormenta eléctrica que se avecina y se escurre lo más cerca que puede del marco de nuestra cama, mientras su respiración aterrada golpea nuestros oídos y la cama vibra con violencia a causa de sus temblores.

Como no podemos entrevistarla, no sabemos exactamente qué es lo que siente Mocha. Pero los síntomas que presenta durante las tormentas eléctricas se parecen mucho a la ansiedad humana aguda. En apariencia, la ansiedad es parte de la vida normal, aun en los perros saludables.

Hemos señalado antes, que Jesús mismo experimentó intensa emoción la noche que fue entregado y que sudó profusamente «como grandes gotas de sangre». No se nos dice lo que sentía en su interior. Pero el contexto y la descripción que ofrecen los evangelios nos permiten concluir de forma razonable que Dios-Hombre, al menos una o dos veces, se sintió abatido por la ansiedad.

Hasta los expertos en ansiedad la sienten

Aun aquellas personas que uno piensa que no debieran sentir ni el menor asomo de temor, se tornan ansiosas en circunstancias especiales. De hecho, hasta los expertos en ansiedad llegan a sentirla. David Burns, profesor de siquiatría y un destacado líder en este campo, ha escrito con honestidad respecto a sus propios temores y a su nerviosismo en diversas situaciones sociales, relatando experiencias con las que casi cualquiera puede identificarse, incluyendo esa miserable incomodidad que se siente al presentar una charla ante los colegas profesionales.[2] Los expertos en ansiedad también tienen que enfrentarse con ella.

Sorprende, en cambio, el bajo nivel de ansiedad de aquellas personas propensas a correr riesgos, ignorar las consecuencias, buscar el peligro, a quienes los sicólogos han etiquetado como *personalidades antisociales*. Atendimos a Miguel en el hospital, donde la policía lo había llevado ebrio por completo. Probablemente ese no era el sitio que le correspondía, pero Miguel tenía maneras de salir fuera con facilidad.

Habíamos visto varias veces a Miguel en las mismas condiciones. De alguna forma siempre se las arreglaba para mostrarse sobrio y justificarse con alguna explicación. Pero si uno se tomaba el trabajo de leer su expediente, ¡resultaba increíble que no lo hubieran encarcelado con sentencia perpetua!

Era una persona llamativa por la manera en que buscaba situaciones peligrosas y riesgos difíciles. También había bordeado peligrosamente la delincuencia. Parecía no tener miedo alguno. Se mostraba tan calmado que cualquiera que lo conociera hubiese jurado que jamás sentía ansiedad... hasta que quedaba asilado en el hospital de siquiatría. Entonces, Miguel, la quinta esencia de la personalidad sociopática, caminaba nervioso de un lado a otro por la sala, quejándose de la ansiedad que padecía y suplicando que le dieran tranquilizantes.

Aun aquellas personas que aparentan no sufrir ningún nerviosismo y que podrían mantenerse sin un temblor en un banco que están asaltando, se tornan ansiosas cuando están confinadas en un hospital o en una celda (donde, en efecto, gran parte de esas personas pasan la mitad de su vida). De vez en cuando, la ansiedad también alcanza a los sociópatas.

Reconozco que no todos mis lectores van a disfrutar este capítulo. Algunas personas tienen un odio y un temor descomunales hacia sus sentimientos de ansiedad, al punto de no querer ni siquiera oír hablar de ella como algo propio de la vida. ¿Qué de usted? ¿Le molesta escuchar que no se puede vivir sin cierta dosis de ansiedad?

Odiar la ansiedad produce más ansiedad

No lo culpo por no entusiasmarse con la idea de que es imposible escapar totalmente de la ansiedad. Pero en un mundo en el que perros, sociópatas, sicólogos y hasta el propio Hijo de Dios tuvo que enfrentar la ansiedad, ¡usted no logrará liberarse de ella asumiendo una actitud de odio y negación!

Es más, usted puede temer y odiar tanto la ansiedad, que llegue a agudizarla. Algunas personas se hacen un manojo de nervios por tratar de evitar cualquier indicio de tensión. Igual que Valerio, declaran que no les gusta enfrentar la realidad y quieren que alguien elimine esos hechos. Pero al reaccionar de manera tan negativa, aun a la idea misma de la ansiedad, lo que hacen es generar más de la misma tensión y temor que con tanto deseo quieren eludir.

Escuche su monólogo interior: «Nunca podré soportar lo mismo otra vez», se dicen después de haber vivido una fuerte secuencia de reacciones y sentimientos de ansiedad. «¡Fue demasiado! Tengo que asegurarme de que no me vuelva a suceder más». Del temor irracional a los sucesos del entorno, pasan a generar temor al temor mismo.

Lo que padecen, entonces, es la ansiedad que han creado por su falta de realismo, al exigir exención total de las ansiedades propias de la vida. Luego se dedican a planificar qué hacer para evitar cualquier cosa que pudiera hacerlos sentir lo menos ansiosos posible. Ya hemos analizado antes cuál es la respuesta de la fe a esta situación.

¡No nos importan las fuertes dosis de alegría!

¿Por qué es tan difícil aprender a aceptar la ansiedad? Por lo general aceptamos sin mayor dificultad otras emociones fuertes. ¡Uno no encuentra gente que busque terapia para liberarse de la *alegría*, porque los abruma!

En ocasiones, he tratado pacientes que piden ayuda para controlar la ira, porque otros les han hecho saber que no van a tolerar más esos estallidos de furia. Pero en cambio no recuerdo que ninguno de mis pacientes haya dicho: «Necesito liberarme de la ira porque no puedo soportar más esos sentimientos intensos y terribles». Otros quieren ayuda para controlar las atracciones ilícitas que sienten, porque esos sentimientos los han metido en problemas. Pero ninguno dice: «Quíteme estos intensos sentimientos, no los puedo soportar».

Falsas creencias acerca de la ansiedad

¿Por qué tememos tanto a los sentimientos de ansiedad? Lo mismo que la alegría, la ira o el amor, no son otra cosa que nuestras propias emociones. A veces la ansiedad es generada por las creencias erróneas *sobre la propia ansiedad* y no por algo concreto en nuestro entorno.

He aquí algunas de estas creencias más corrientes, con respecto a la ansiedad, que alberga la gente que se preocupa por la posibilidad de llegar a sentirse ansiosa:

- «La ansiedad no es natural, no debería existir».
- «La ansiedad es buena para otros, pero no debiera sucederme a mí porque soy creyente».
- «La ansiedad es extremadamente dañina porque me produce mucha tensión».
- «La ansiedad provoca la muerte».
- «Si me pongo demasiado ansioso, podría llegar a perder el control».
- «Si la gente se da cuenta de que estoy ansioso, podría pensar que no estoy cuerdo».
- «Los demás me van a rechazar si saben que estoy ansioso».
- «Es crucial que me libere *ahora mismo* de la ansiedad».
- «Es probable que provoque un accidente si me siento ansioso al conducir».
- «Los demás no sienten lo mismo que yo, de modo que no me van a entender».

Evitar la ansiedad puede producir ansiedad

Al leer la lista de falsas creencias que enumeramos arriba, dígasela en voz alta y preste atención a cualquier sentimiento que pudiera evocarle. ¿Sorpresa? ¿Cosquilleo en el estómago? ¿Tensión muscular? Cuanto más se convenza repitiéndose estas expresiones, tanto más intensamente las sentirá.

Ahora viene lo principal: Si en realidad cree en esas nociones y nutre su monólogo interior con esas ideas día tras día, tenga la plena seguridad de que aumentará la tensión, se transformará en un manojo de nervios y vivirá en permanente estado de ansiedad… *aunque esté tratando precisamente de evitar y prevenir esos sentimientos de ansiedad.* Esta es la paradoja: Cuanto más se esfuerce por superar la ansiedad, pensando lo mala que es, tanto más ansioso se pone.

La solución: aceptar la ansiedad

Entonces la solución, al menos en parte, es aceptar la ansiedad que experimenta. Pregúntese: «¿Qué es lo que estoy sintiendo en este momento, que me hace sentir tan tenso? ¿Y qué es lo que pretendo conseguir llenándome de tensión de esta manera? Voy a relajarme. Voy a examinar mi monólogo interior (o las imágenes mentales que elaboro). Voy a dejar de decirme que debo liberarme, a cualquier precio, de esta ansiedad y en cambio voy a aceptar lo que suceda, me voy a relajar y a alcanzar la verdad por medio de la fe».

Reinterprete sus sentimientos de ansiedad con sinceridad. En vez de decirse, de manera equivocada, lo dañina que es la ansiedad, exprese que esta es una más de sus emociones, generada por su propio cuerpo, que opera de forma natural en respuesta a la manera en que su mente lo alimenta. No necesita suprimir estos sentimientos y nada terrible va a suceder si no lo hace, aun cuando la ansiedad llegue a ser muy intensa. Su cuerpo mostraría muchas de las mismas reacciones si corriera un par de kilómetros.

La verdad

Estudie con cuidado lo que tres especialistas en desórdenes de la ansiedad —Aaron Beck, Gary Emery y Ruth Greenberg— han sugerido que se diga a sí mismo:

No hay literalmente ninguna otra cosa de la que podamos ser conscientes salvo nuestras emociones y sensaciones. Cuando teme hacer el ridículo al dar una disertación, lo que en realidad teme son las sensaciones asociadas a la ansiedad, a la timidez, a la vergüenza. Si tiene miedo de morir en un accidente, lo que en verdad teme es a la sensación y el pánico que supone perder el control, además de la anticipación del dolor. Aceptando esas emociones, usted puede aliviarlas (cursivas del autor).[3]

Estos especialistas añaden una cita de H. L. Weinberg:

> *Sabemos que a lo único que en realidad podemos temer es a noso-*
> *tros mismos, el único temor es nuestro temor al dolor (que es algo*
> *que nuestros propios tejidos generan). Por medio de la aceptación,*
> *este dolor se vuelve soportable y ayuda a generar un sereno valor*
> *y una sensible calma, que a su vez evita que se desarrollen en el*
> *futuro muchas perturbaciones sicosomáticas.*[4]

Son muy acertadas las palabras de Weinberg. Pero el apóstol Pablo, inspirado por el Espíritu Santo al escribir a los cristianos cuya fe les permitía perseverar en medio de las dificultades, pudo describir de manera aun más radiante la ventaja de aceptar y soportar los sentimientos dolorosos, incluyendo la ansiedad:

> *Y no sólo esto, sino que también nos gloriamos en las tribulacio-*
> *nes, sabiendo que la tribulación produce paciencia; y la paciencia,*
> *prueba; y la prueba, esperanza; y la esperanza no avergüenza; por-*
> *que el amor de Dios ha sido derramado en nuestros corazones por*
> *el Espíritu Santo que nos fue dado (Romanos 5.3-5).*

¡Atención a aquellos que se sienten aterrados de sus propios sentimientos de ansiedad! A lo único que pueden temer es a sus propias sensaciones. En lugar de perder la paciencia con sus emociones, dígase lo que en verdad son: ¡No son otra cosa que sus propios sentimientos!

Dígase que existen, le guste o no. Puede que no sean muy confortables, pero no se dedique a adherirle horribles rótulos («peligroso», «malo», «terrible», «señal de tragedia y catástrofe inminente».) En cambio, dígase que los aceptará como lo que son, pero nada más que eso.

Dígase: «No se trata de disfrutar de mi ansiedad, pero tampoco necesito seguir aterrado, intentando escapar de esas sensaciones. Si logro soportarlas, podré salir adelante y al fin desaparecerán. No me harán daño alguno. ¡Más aun, sé que Dios puede usar estos sentimientos para producir en mí perseverancia, fortaleza y verdadera esperanza por medio de Jesucristo!

Un diálogo continuo con la carne

Por último, recuerde que en el momento en que empiece a aceptar sus sentimientos de ansiedad, en vez de prepararse para evitarlos —*en ese mismo momento*—, se liberará de la capa superior de tensión que usted mismo ha producido, al creer que tiene la obligación de liberarse de sus sentimientos de ansiedad. ¡En ese mismo instante ha hecho un largo recorrido hacia la salud total!

Capítulo 15

CONTROLE LAS FOBIAS

La fortuna le había sonreído a Marcos. Era propietario de una agencia de automóviles que tenía la concesión exclusiva de la marca y modelo que todo el mundo quería. Pero ahora, Marcos se había puesto en contra de su suerte a raíz de un pequeño accidente.

Al principio, el otro conductor admitió ser culpable, pero después cambió de actitud. La compañía de seguros negó los reclamos de Marcos y, en consecuencia, tenía que concurrir a una audiencia judicial en el noveno piso del palacio de tribunales.

Marcos se sentía aterrado. Las alturas lo descomponían. Su límite era el tercer piso de cualquier edificio.

Apenas supo dónde tendría lugar la audiencia, su mente se empezó a poblar de imágenes aterradoras. Se veía a sí mismo hecho un manojo de nervios, tan tenso que no podía mantenerse quieto en su asiento, perdiendo el control, haciendo el ridículo. Visualizó al juez que, atónito, ordenaba que lo encerraran en una celda oficial de seguridad, con barrotes en la ventana. Marcos sabía que necesitaba ayuda.

Había oído que yo aplicaba lo que entonces era un tratamiento nuevo para las fobias, llamado *desensibilización sistemática,* desarrollado por el Dr. Joseph Wolpe, un sicólogo conductista. Marcos vino a verme para averiguar si el tratamiento podría ayudarlo. Le expliqué cómo la evasión había mantenido activo su temor a las alturas y por qué era necesario exponerse a esas situaciones para revertir el temor.[1]

Marcos rechazó totalmente la idea de subir al piso más alto del edificio y soportar lo peor, como había hecho Hugo (véase capítulo 10). Pensaba que una inmersión tan directa en la ansiedad le resultaría demasiado traumática. Eligió en cambio la desensibilización sistemática. Nos pusimos a trabajar de inmediato y cuando fue citado a la audiencia unas semanas más tarde, se sorprendió que se encontrara, con toda tranquilidad, sentado en la sala tribunalicia sin angustia alguna.

Quizás los griegos tenían razón

Los griegos antiguos hicieron del miedo una divinidad a la que llamaron *Phobos*. Nuestro término *fobia* proviene del nombre de esa atemorizadora deidad. Quizás captaron algo profundo acerca de la sicología y la espiritualidad humana: Cuando nos sometemos absolutamente a nuestros temores, al punto de que sean estos los que determinen nuestra conducta, los transformamos en diosecillos que ocupan el lugar del verdadero Dios.

Podemos decir, con exactitud, que la *fobia* es un temor concreto, persistente e irracional, del cual el sujeto es muy consciente. Es decir, que si usted siente un miedo indeterminado, no importa en qué situación se encuentre, no se trata de una fobia, porque no sabe con precisión de qué está atemorizado y no puede hacer casi nada por evitarlo. Si tiene miedo de jugar a la ruleta rusa con un arma cargada, su temor tampoco es una fobia, porque tiene fundamento racional y el peligro es real. Por lo general, las personas que tienen fobias saben exactamente qué es lo que temen y planifican sus vidas de tal forma que pueden evitar los objetos que les causan temor.

He aquí algunos ejemplos de fobias y sus nombres «oficiales»:

ofidiofobia: temor a las serpientes
acrofobia: temor a las alturas
hidrofobia: temor al agua
astrafobia: temor a los relámpagos
brontofobia: temor a los truenos

Casi cualquier cosa puede llegar a ser objeto de una fobia ansiosa, aunque sólo alguna determinada parece ser la fuente más frecuente de temor que otras. Viajar en avión, ver sangre, heridas abiertas, hablar en público, los dentistas, los exámenes, estar solo, la policía, los perros, la oscuridad, los hospitales, las arañas, los gatos, los escarabajos, los gérmenes, las aplicaciones de rayos, el consumo de chocolate, los médicos, los espacios cerrados... casi cualquier objeto o situación puede ser parte de un cuadro de fobia.

Debiéramos tener presente que, si bien la definición de *fobia* es correcta, podría ser un tanto arbitraria. A menudo aquellos a quienes se les diagnostica una ansiedad generalizada y no una fobia, en realidad son bastante conscientes de algunos de sus temores. Los perfeccionistas temen ser evaluados, cometer errores o lograr desempeños un poco inferiores a la perfección y con frecuencia saben con exactitud qué es lo que los atemoriza. A veces un cuadro de ansiedad generalizada se remite al temor de las evaluaciones u opiniones negativas que pudieran manifestar otras personas y la víctima es por lo general bien consciente de ese temor. De modo que lo que podamos decir acerca de las fobias, bien puede aplicarse a otras ansiedades irracionales.

Las raíces espirituales de la fobia

¿Cómo es posible que la fobia tenga raíces espirituales? Las fobias no se presentan así en los libros de textos de medicina. Sin embargo, casi todas las personas que acceden a la fe han descubierto que una vida espiritual plena les imparte audacia y fortaleza, en reemplazo de anteriores ansiedades y temores. Una fe vital y activa, produce, en quienes padecen fobias, el deseo de superar las ansiedades.

Las personas fóbicas controlan sus ansiedades recurriendo a estrategias de su propia selección —concretamente mediante la evasión—, en lugar de desarrollar confianza, fe y actuar con responsabilidad. En un sentido, no es difícil vivir con personas de este tipo, porque han concentrado su ansiedad en un temor determinado, de tal manera que todo lo que tienen que hacer es mantenerse lejos del objeto temido. Basta no usar el ascensor, para que la fobia a los ascensores no lo moleste.

Manténgase alejado de los balcones y la fobia a las alturas no lo molestará demasiado. Dígales a sus amigos que tiene alergia a los gatos (cuando en realidad lo que tiene es miedo) y retirarán sus mascotas felinas de la sala cuando usted los visite.

Pero este recurso es un engaño. La evasión refuerza el temor y esto incrementa la evasión, lo que a su vez preserva e incrementa el temor. De modo que usted termina planificando su vida en torno a sus temores, evitando lo que teme, además de lo que su fe sabe que es su responsabilidad hacer.

Cuando accede a la fe, esta lo motiva a llevar a cabo aquello que ha estado evitando. La fe lo guiará a hacer lo que Dios lo ha llamado a realizar. Más aun, la fe creará en usted el *deseo* de hacer lo que debe. La fe le impide gozar de la aparente tranquilidad que le permite la evasión. Pero si le da la oportunidad, en lugar de tranquilidad aparente, le dará confianza, toda la que necesita para moverse hacia aquello que teme.

Cómo vencer los temores fóbicos

¿Qué se puede hacer para vencer las fobias? Primero, reconocer las ventajas que tiene al superar los temores. A menudo la gente que padece fobias tiene tanto éxito en planificar sus vidas en torno a la evasión, que pierde de vista las concesiones que han hecho en nombre del temor. La evasión se ha tornado casi inconsciente en ellos, tanto que les impide percibir cómo eluden la voz de Dios o las distorsiones de la verdad con las que se alimentan a sí mismos y a otros, sólo en virtud de sus temores.

El costo del temor es alto. La convicción de que la ansiedad es algo atroz y que no debiera experimentarse en absoluto, puede parecer una ficción inocente, pero no es así. Esta noción impide analizar de qué manera se puede superar la fobia. Después de todo, la evasión nos provee tranquilidad. Lo que en realidad necesita es dejar que su fe lo convenza de que vale la pena vencer la fobia.

En segundo lugar, debe reconocer las falsas creencias que subyacen a su ansiedad y conducta evasiva. ¿Está convencido de que nunca debería sentirse intranquilo? ¿Que *nunca* debería sentir ansiedad? ¿Piensa que está en sus manos protegerse de todo aquello que podría ponerle inquieto?

Por su estilo de vida, ¿muestra que se ha entronizado a la fobia ansiosa como un mezquino dios que tiene el derecho de establecer las condiciones bajo las cuales organizar su vida cotidiana? ¿Está en alguna medida practicando su propia salvación mediante el recurso de la evasión?

Es hora de que se detenga y piense en estos temas. Pregúntese cuáles son las reflexiones respecto a la fobia que insiste en mantener. Ponga por escrito sus reflexiones cuando se descubra eludiendo la realidad y con toda intención imagínese en la situación de la cual su fobia lo mantiene apartado.

En tercer lugar, debe entender la verdadera seguridad que le ofrece la fe. No es la seguridad ficticia que obtiene al precio de la evasión, sino una seguridad que lo libera para ir donde el Espíritu lo conduzca. La seguridad que da la fe dice lo siguiente: «Deja de evadir, deja de perder la bendición de los dones de Dios, deja de esconder la cabeza ante las responsabilidades. En vez de eso, aventúrate en respuesta al llamamiento de Dios dondequiera te lleve, aun si eso significa exponerte a las cosas que temes. ¡El premio será la salud y la libertad!».

Exponerse

A veces no resulta práctico exponerse abiertamente a las cosas que se temen. Por ejemplo, si uno pudiera subirse a un avión todos los días y volar por un rato hasta que las sensaciones de temor se fueran evaporando, sin duda pronto se recuperaría del temor a los vuelos. Pero poner en práctica semejante plan podría costar mucho más de lo que puede afrontar.

Lo que es más, cuando se les da a optar, la mayoría de las personas prefieren no enfrentar sus temores de forma directa y radical.[2] Por lo general, la gente prefiere enfrentar sus miedos de manera gradual, en pequeñas dosis.

Esa era la manera en que quería proceder Marcos, de modo que empezamos con un entrenamiento de relajación profunda, a la vez que comenzamos a diseñar situaciones graduales en las que Marcos luego se imaginaría como participante. Estas escenas lo expondrían al fantasma que lo atemorizaba: las alturas de los edificios.

Preparamos con Marcos la siguiente *jerarquía*, nombre técnico de la lista de escenas en orden sucesivo desde la más simple a la más difícil:

1. Caminar hasta la entrada de un edificio de veinte pisos.
2. Entrar al edificio y permanecer en la planta baja.
3. Pararse frente al ascensor y revisar la lista de oficinas de los distintos pisos.
4. Oprimir el botón para llamar al ascensor.
5. Entrar al ascensor y quedarse en la planta baja.
6. Subir hasta el segundo piso.
7. Entrar a una oficina del segundo piso y quedarse en la sala de espera.
8. Subir en ascensor al tercer piso.
9. Entrar a una oficina del tercer piso y quedarse en la sala de espera.
10. Subir hasta el cuarto piso.
11. Entrar a una oficina del cuarto piso y quedarse en la sala de espera.
12. Mirar desde la ventana del cuarto piso.
13. Entrar a una oficina del sexto piso y quedarse en la sala de espera.
14.–20. Así sucesivamente, quedarse en pisos subsiguientes y mirar por las ventanas, hasta llegar al piso número veinte.

Si usted cree que la desensibilización sería apropiada para su ansiedad, sería conveniente que tomara en cuenta la posibilidad de una terapia profesional con un sicólogo clínico o un consejero que use este método. Si por cualquier razón, le fuera imposible acceder a la ayuda profesional, puede aplicar el método por sí mismo, creando su propia jerarquía, practicando relajación profunda (véase el capítulo 9) e imaginándose a sí mismo en las escenas de la lista, una por una, mientras se encuentra profundamente relajado. He aquí lo que tiene que hacer:

1. Defina el «tema» que tratará en la jerarquía. A veces hay más de un tema en una escena. Por ejemplo, habrá algunas escenas de ansiedad

en las que está hablando con personas desconocidas y otras en las que tiene que subir a un avión. Estos son temas diferentes, de modo que tiene que trabajar con cada uno de ellos por separado, construyendo jerarquías independientes para cada uno.

2. Para cada jerarquía piense en una serie de diez a veinte escenas que representen situaciones que lo pondrían ansioso. Califique cada escena de uno a cien según el monto de ansiedad que sentiría en cada situación. Las escenas debieran diferenciarse en escalas de entre cinco a diez puntos y deben escalonarse desde las de muy bajo puntaje (cinco a diez puntos) hasta la peor que se pueda imaginar (entre noventa y cinco y cien puntos).

3. Aprenda a relajarse profundamente y practique hasta que se sienta relajado por completo.

4. Relájese de manera profunda y mientras se encuentra en este estado, imagínese la primera escena de su jerarquía. Visualice los detalles, observe los colores, las formas, las personas o las cosas en la escena: Imagínese que oye sonidos, huele olores, experimenta sensaciones, realiza acciones. Mantenga la escena mental entre treinta y sesenta segundos, hasta que perciba que empieza a producirle ansiedad.

5. Cuando se perciba ansioso, deje de visualizar la escena y preste atención a la tensión en sus músculos. Examine mentalmente cada grupo muscular y relaje las áreas que estén tensas. Luego regrese a la escena que dejó pendiente y visualícela hasta que pueda hacerlo sin sentir ansiedad, entre treinta y sesenta segundos. Si vuelve a sentirse ansioso, repita este paso.

6. Cuando haya logrado visualizar una escena sin sentir ansiedad, pase al nivel siguiente de dificultad en la jerarquía. Si tiene los ojos cerrados, puede abrirlos para fijarse en la lista, en caso de no recordar las escenas que se proponía trabajar en la sesión.

7. Repita el proceso descrito para cada una de las escenas. Puede intentar dos o tres escenas en una sesión. Trabaje a diario en la jerarquía, hasta que pueda imaginar todas las escenas sin sentir ansiedad. Esto puede llevarle varios días y hasta semanas. Siga practicando la relajación y aprenda a hacerlo más y más profundamente, a medida que avanza en el trabajo.

El siguiente es otro ejemplo de jerarquía para ilustrar el enfoque. Se trata de algo que la mayor parte de las personas pueden aprovechar, porque se refiere a una situación muy difundida que produce ansiedad: hablar en público. La siguiente lista tiene que ver con el compromiso de hablar en la iglesia.

1. Alguien le pide que dé una breve disertación de aquí a tres domingos.
2. Usted acepta.
3. Prepara el esquema de lo que va a hablar dentro de dos semanas y media.
4. Escribe la charla que va a dar dentro de dos semanas.
5. Lee en voz alta el mensaje que dará de aquí a una semana.
6. Va a la iglesia y escucha a alguien que da una charla dentro del mismo tema. La suya tendrá lugar dentro de una semana.
7. Lee su mensaje frente a un espejo; falta una semana para la charla.
8. A una semana de la presentación lee el mensaje a un pariente o a un amigo.
9. Da la charla a dos o tres personas de la familia.
10. Pronuncia la charla en voz alta a dos o tres desconocidos.
11. Da la charla ante cinco a diez desconocidos.
12. Imparte la charla ante quince a veinte personas, tanto conocidas como extrañas.
13. Expresa el mensaje en la iglesia a unas cincuenta personas.
14. Da la charla en la iglesia ante unas cien personas.
15. Expone el mensaje ante toda la congregación.

Método de desensibilización por exposición directa

Algunos temores son de tal índole que usted puede exponerse a ellos de manera directa. Si la sola idea le produce cosquillas en la boca del estómago, tranquilícese. No se preocupe: Hasta la exposición directa se puede hacer de manera gradual.

Quizás podríamos llamar a esto *desensibilización concreta o real*. En lugar de *imaginar* que se expone a las cosas que lo ponen ansioso, quizás quiera intentar la desensibilización gradual y sistemática *en vivo* (en situaciones de la vida cotidiana), como dicen los médicos. Aquí también debe elaborar una jerarquía de lo que va a ir haciendo.

Supongamos, por ejemplo, que tiene miedo y evita los gatos. Su nuevo compañero de habitación quiere tener uno y usted considera que es momento de superar esa pequeña complicación en su vida. Puede preparar una jerarquía para exponerse gradualmente a pequeñas dosis de «gato».

He aquí un ejemplo:

1. Hojea un libro con imágenes de gatos.
2. Va a un negocio de mascotas con su amigo y mira los gatos en la vidriera.
3. Entra al negocio con él y permanece a unos cuatro metros de los gatos.
4. Su amigo tiene al gatito en una habitación y usted está en la sala del departamento.
5. Su amigo tiene al gatito en la misma habitación en la que está usted, pero a unos tres metros de distancia.
6. Lo mismo que en la # 5, pero a un metro y medio.
7. Lo mismo que en la # 5, pero a un metro de distancia.
8. Lo mismo que en la # 5, pero junto a usted.
9. Ahora toca al gatito en el lomo y retira la mano de inmediato.
10. Lo mismo que en la # 9, pero acaricia al gato durante tres segundos.
11. Lo mismo que en la # 10, pero durante diez segundos.
12. Lo mismo que en la # 10, pero durante un minuto.
13. Acaricia al gato primero con una mano y luego con las dos, mientras su amigo lo sostiene.
14. Sostiene usted mismo al gatito durante diez segundos.
15. Lo mismo que en la # 14, pero durante treinta segundos.
16. Lo mismo que en la # 15, pero durante un minuto.

17. Sostiene al gatito durante diez minutos o más.

18.–32. Repite las escenas, desde la 4 a la 17, pero esta vez la secuencia se realiza con un gato adulto.

¿Qué se dicen los fóbicos a sí mismos?

Ya hemos analizado cómo el modificar nuestro monólogo interior, nos puede ayudar a predisponernos a enfrentar nuestros temores, por ejemplo, mediante el proceso de desensibilización. Pero también puede funcionar en el otro sentido: La desensibilización nos lleva a modificar nuestro monólogo.

Si lo intenta, descubrirá que al aprender a sostener un gato sin sentirse ansioso, también se modificará el contenido de sus reflexiones respecto a los gatos. Lo mismo es cierto respecto a otros objetos de ansiedad a los que se vuelve «inmune» mediante la experiencia de la desensibilización. La exposición, cuando se hace de manera correcta y persistente, nos ayuda a decirnos la verdad de una manera nueva y profunda, desde el corazón mismo.

Consideremos el caso de los gatos. Cuando la gente siente temor irracional hacia los felinos, quizás «saben» la verdad acerca de ellos mientras se encuentren a varios kilómetros de distancia. «Saben» que los gatos no son animales peligrosos. Pero cuando se ven forzados a estar en una misma habitación con una mascota felina, sus «conocimientos» cambian.

Ahora se descubren diciendo: «Ese gato es peligroso. Te saltará encima, te va a arañar, se te cortará la respiración, te hará daño». En ese momento es tan grande la tensión emocional, que les resulta difícil decirse otra cosa.

Sin embargo, después de desensibilizarse se «convencen» de la verdad. Sintonicemos su monólogo interior mientras sostienen al gatito y lo acarician con tranquilidad: «Esta cosita no puede hacerme daño. Miren cómo se acurruca en mi falda, apretándose lo más cerca que puede. La verdad es que es bastante agradable. ¡Mis miedos han desaparecido! ¡Señor, gracias por haber creado los gatitos!».

¿Qué es lo que los fóbicos se dicen a sí mismos? Consideremos algunas fobias específicas.

Fobia a los ascensores. Por lo general, la persona que tiene fobia a los ascensores cree que hay una altura determinada que puede ofrecer seguridad y está dispuesto a subir hasta allí (por ejemplo, el tercer piso). Pero más allá de ese límite, se presenta el siguiente monólogo: «Los cables se van a romper, la cabina se va a estrellar contra el piso y me puedo herir o morir. El ascensor se va a quedar atascado entre dos pisos, las puertas no se van a abrir y quedaré encerrado. La ayuda va a demorar muchísimo en llegar. Podría morirme de hambre o de asfixia».

Albert Ellis ha descrito de la siguiente manera las falsas creencias de la persona que tiene fobia a los ascensores: *«No debo* verme incómodo ni lastimado de ninguna forma cuando ocurra algo si subo a un ascensor. Eso sería *terrible*. Por lo tanto no debo, en ninguna circunstancia, subirme a un ascensor!

Ellis observa:

> Una opción se transforma, por criterios irracionales, en una exigencia o una orden. Todas las personas prefieren evitar daños o molestias severas cuando suben a un ascensor, pero la mayoría se convence fácilmente de que las probabilidades de que ocurran tales accidentes son muy escasas. Por lo tanto, están dispuestos a correr el riesgo y usar ese medio de transporte. Pero en cuanto se insiste: «No debo, bajo ningún concepto, sufrir un inconveniente o accidentarme en un ascensor» y siempre hay, por supuesto, algún riesgo de que eso ocurra, entonces se generan sentimientos de terror o de horror frente a la posibilidad de usarlo. Así se desarrolla una fobia a los ascensores. Virtualmente cualquier debo produce sentimientos de ansiedad, a menos que la persona se convenza (lo cual es un absurdo) de que podrá cumplirlo.[3]

En consecuencia sería sabio que renunciemos a esos *debo*.

Acrofobia (fobia a las alturas). Se trata del temor a permanecer en los pisos superiores de los edificios, o en la cumbre de una montaña, o a acercarse a los bordes de los puentes o a las vías del subterráneo. El monólogo típico en estos casos es algo más o menos así: «Me voy a caer. ¡Me voy a herir o morir! Podría sentir impulsos a lanzarme. Creo que ahora mismo hay algo que me atrae hacia el abismo».

Algunas personas que padecen acrofobia visualizan sus falsas creencias. Imaginan el edificio inclinándose y a ellos mismos cayendo desde la punta. Hasta llegan a tener sensaciones de caída (lo que Aaron T. Beck ha llamado *imaginación somatizada*).

Claustrofobia (temor a los sitios cerrados). Este es un temor que se aproxima al terror, en relación a permanecer en túneles, armarios, habitaciones pequeñas y cerradas, y a veces en medio de una muchedumbre. Los claustrofóbicos dicen: «Me voy a sofocar. No habrá suficiente aire. El túnel se va a hundir y me enterrará vivo. Me moriré de asfixia o por los golpes del desprendimiento».

A veces el temor parece tan real que la víctima puede sentir que le falta el aire cuando está en el sitio temido. Cree que en realidad el pecho se le comprime, que se está desmayando y tiene otras sensaciones corporales atemorizantes (aquí también se trata de imaginación somatizada).

Fobia a los vuelos (temor a los aviones). Esta fobia le sugiere al que la padece: «Moriré de asfixia en el avión si hay alguna falla. Me pondré tan ansioso, que perderé el control de mí mismo y seré la causa de un accidente o me pondré en una situación muy incómoda». La mayor parte de las veces el monólogo se relaciona a la predicción de tragedias: «Sé que el avión se va a estrellar y que me voy a morir».

El monólogo de las personas que tienen algún tipo de fobia se modifica a medida que cambia su situación. El esposo de Elena, por ejemplo, le había rogado que lo acompañara en un viaje de negocios. «Pasaremos unos días en la playa de Florida mientras estamos allá», le prometió con la esperanza de persuadirla.

Pero Elena se sentía aterrada cada vez que pensaba en subir a un avión. «Mientras estoy sentada aquí en su consultorio» me confesó, «sé que es menos peligroso viajar en avión que en automóvil. En este momento, la probabilidad de un accidente aéreo parece realmente remota. Pero si me subo a un avión estoy segura de que se va a estrellar. Si entramos a un temporal y el avión empieza a sacudirse, empezaré a decirme que hay cien riesgos contra uno de morirnos. ¡Estaré más que convencida de que ocurrirá una tragedia!».

La mayoría de los fóbicos saben perfectamente que los desastres que temen son muy improbables... hasta que se encuentran en la situación temida. Cuando están inmersos en esa circunstancia, sus creencias y su monólogo cambian por completo.

Estas y otras falsas creencias fóbicas similares deben ser reemplazadas por la verdad espiritual. En el caso contrario, la persona fóbica seguirá repitiéndose que la situación atemorizante debe ser evitada a toda costa. Planifica su vida en torno a esa evasión frustrando esa fe viva, laboriosa y activa que nos impulsa constantemente a cumplir el buen propósito de Dios.

Sin embargo, en este caso, enfrentamos un problema especial. Como hemos visto, las personas fóbicas se dicen a sí mismas la verdad *mientras no están en la situación que los atemoriza*. Es cuando están en aprietos que empiezan a ceder al engaño del enemigo y a promover las falsas creencias atemorizadoras, que los conduce a la evasión.

¿Cómo pueden producir los cambios necesarios? Quizás ya lo haya adivinado: exponiéndose. Ya sea entrando de lleno a la situación temida y quedándose hasta que se modifiquen sus emociones (o falsas creencias); o bien de manera suave y gradual por medio de la desensibilización *en vivo*. También lo puede hacer mediante la desensibilización imaginaria: Las personas con fobias tendrán que cambiar sus creencias erróneas, por medio de la experiencia, exponiéndose a las situaciones que los atemorizan. Entonces, diciéndose vigorosamente la verdad, la experimentarán junto con el objeto temido y las mentiras que creen se modificarán.

¿Cuál es la verdad que deben experimentar? La fe impulsará dos verdades en casi todas las situaciones atemorizantes. Una es la verdad *estadística* y la otra es la *espiritual*. En cualquier fobia es necesario modificar la idea de que con toda seguridad sufriremos una tragedia o una gran dificultad. Por supuesto, hay riesgos de que el avión se estrelle, de que el gatito me arañe, de que el ascensor se quede atascado o de que se acerque un imbécil y nos empuje al precipicio. Pero la probabilidad es *mínima*.

La probabilidad es tan baja que la mayoría de las personas la ignora o la pasa por alto. Cuando la víctima de la fobia mejora, también llega al punto en que, al estar en la situación que antes lo aterraba, puede decirse por fe: «Sí, supongo que podría caerme de este balcón, pero el hecho es que la probabilidad de que eso ocurra es cercana a cero. Me niego a sentirme mal por una posibilidad tan ínfima de que algo ocurra».

La verdad de carácter *espiritual* modifica las falsas creencias fóbicas que afirman que, si ocurriera lo peor, sería terrible, impensable e inadmisible. La verdad por fe es que Cristo ha vencido a la muerte y ha traído la luz, la vida y la inmortalidad. A veces es mejor partir para estar con Cristo, que quedarnos donde estamos. El aguijón de la muerte y la victoria de la tumba han sido conquistados y destruidos largo tiempo atrás. La fe participa de esta clase de monólogo: «Aunque no estoy planeando morirme en este vuelo, si eso sucediera, lo único que provocaría es mi ingreso a un nivel de existencia donde podré experimentar un gozo pleno y absoluto, por primera vez en mi vida».

De manera similar, la luz brillante de la fe, trivializa las dificultades o incomodidades que pueden haber estado alterando nuestra vida y nos da una perspectiva adecuada. La fe dice: «Es obvio que sí podré soportar aunque la gente piense que soy incapaz, aunque no duerma bien de noche o el gatito me arañe».

El análisis que hemos hecho de las estrategias para superar las fobias debe haberle comunicado esperanza, en el caso de que usted mismo padezca alguna fobia. Si tiene una ansiedad irracional respecto a ciertos objetos o experiencias, usted también puede modificar su monólogo, mientras enfrenta con valentía las situaciones que lo atemorizan, ya sea directamente, desensibilizándose *en vivo* o por medio de la desensibilización sistemática imaginaria.

Capítulo 16

AGORAFOBIA: MIEDO AL PÁNICO

Sucedió inesperadamente: de pronto, sintió que se moría. ¿Qué le estaba sucediendo? ¿Qué ocurría con su cuerpo? ¿Sería un ataque cardíaco? ¿Estaría perdiendo el juicio?

El negocio en el que estaba parecía haber cambiado de alguna manera. En un instante, todo había tomado un matiz brilloso y extraño. La luz era demasiado brillante, violenta, rebotaba desde las paredes y desde los montones de mercadería. Sentía que se estremecía, que le latía fuerte el corazón, le daba vueltas la cabeza y se le ponía demasiado liviana, como si le hubieran llenado el cerebro de algodón.

Ahora estaba perdiendo el equilibrio. Se agarró del mostrador para sostenerse, segura de que se iba a desplomar. ¿Debería pedir auxilio?

El enorme negocio estaba atestado de gente. ¿Se habría dado cuenta alguna persona de su situación? ¿Qué pensarían de ella? Sintió que no debía hablar, que no tenía sentido hacerlo, que se aturdiría o se pondría a temblar mientras hablaba. La gente pensaría que estaba loca. Estaba transpirando, como si hubiese corrido más de un kilómetro o como si tuviese fiebre. Pensó que se moriría si no buscaba un sitio abierto y aireado lo más pronto posible.

¿Se estaría muriendo? Quizás era un ataque cardíaco. Era imperioso salir. Abandonó la mercancía que había elegido y buscó la salida del negocio.

Una vez en la calle, empezó a caminar lo más rápido posible, segura de que iba a desmayarse en cualquier momento, pero a la vez incapaz de quedarse quieta. Sentía deseos de recostarse allí mismo, en la acera. Después, de lo que a ella le pareció una eternidad, empezó a sentirse un poco mejor. El ataque empezó a desvanecerse. Sin embargo, estaba segura de que no podría entrar más en ese negocio.

El primer ataque de pánico que sufrió Margarita la dejó desmoralizada y derrotada. Fue el comienzo de su lucha con la *agorafobia*.

Las cosas pudieron haber sucedido diferentes. Si hubiese estado con su esposo, Gilberto, él podría haber llamado una ambulancia o la hubiera llevado al hospital. Muchas víctimas de pánico terminan en una sala de emergencia. Pero otros, como Margarita, mantienen silencio sobre su primer ataque, convencidos de que no es sino otra muestra de su incompetencia y que los demás los van a evaluar negativamente.

Este relato de un ataque repentino de pánico se oye una y otra vez, con ligeras variantes, en todos los consultorios clínicos. Este incidente marcó el inicio del período menos agradable de la vida de Margarita y Gilberto, una joven pareja que estaba llegando a los treinta. Hacía apenas dos años que se habían casado y apenas se estaban adaptando el uno al otro, cuando nació su hija Rosita. Deleitados con el bebé, se dispusieron a adaptarse a su hermosa presencia, aunque era un tanto exigente.

Incremento de las responsabilidades

Margarita siempre había sido muy responsable. Consideraba que era un fracaso no alcanzar la perfección en cualquier cosa que hiciera. Ahora, se sentía responsable no sólo de las obligaciones de la casa y de la felicidad de su esposo, sino también del bebé. Además de todo eso, recientemente la habían designado administradora en el bufete de abogados donde se había estado desempeñando como secretaria. Ahora se sentía oprimida por la fuerte personalidad de Gilberto, por las expectativas en el hogar y las exageradas nuevas exigencias de su trabajo en la oficina.

Sintonice las reflexiones de esta mujer joven antes de su primer ataque de pánico: «No puedo manejar todo esto por mí misma. No estoy en condiciones de criar a Rosita. No sé ni lo más elemental respecto a ser mamá. Seguro que me voy a equivocar y que le haré daño a mi hija de por vida. Gilberto se dará cuenta de lo ineficiente que soy, y dejará de amarme y respetarme. Se desilusionará de nuestro matrimonio y hasta podría abandonarme. Con toda seguridad está esperando más de mí en este momento y él quiere que todo me salga bien. Tengo que demostrarle que soy eficiente, para que pueda estar satisfecho con su esposa».

En suma, su cerebro se había visto inundado una vez tras otra de pensamientos intranquilizantes sobre su propia ineficiencia, acoplados a las reflexiones acerca de las pesadas responsabilidades que debía enfrentar. No importa qué estuviese haciendo, el monólogo sobre las expectativas de Gilberto, sus propias deficiencias y sus enormes responsabilidades, se reiteraban de manera constante, automática y persistente desde alguna cinta grabada en algún rincón sombrío de su mente.

Apoyarse en otro

Luego sucedió el ataque de pánico en el negocio. Margarita tenía ahora una nueva preocupación. ¡Qué tragedia! Se había sentido diferente, aterrada, como nunca antes.

Luego se descompuso estando sola en la casa. Las horribles sensaciones se presentaban sin previo aviso. ¿Qué estaba ocurriendo de nuevo?

Sentía un miedo atroz. ¿Y si sucedía algo terrible mientras estaba sola por completo? No podría controlarlo por sí misma. Telefoneó a Gilberto al trabajo.

Su esposo vino de inmediato y su firme serenidad la tranquilizó. Él era fuerte. Él cuidaría de ella.

«¡Soy débil, estoy mal, necesito ayuda!».

Pero ahora Margarita se sentía como una persona débil, impotente, vulnerable. El ataque podría ocurrir en cualquier sitio. Podría quedar atrapada en una muchedumbre dentro de un negocio, sin manera de salir.

Quizás se quedaba sin aire. Podría sentirse abochornada o insignificante. ¡El peligro estaba en cualquier sitio!

¡Acababa de descubrir que jamás estaría segura! Nunca podría sentirse bien, sola. Necesitaba una persona fuerte que estuviera con ella todo el tiempo, porque era obvio que algo muy malo estaba sucediendo. Estaba tan dañada, tan incapaz de hacer cualquier cosa, tan descontrolada, víctima de desconocidas fuerzas internas y externas.

Demasiada ansiedad para...

El temor y la ansiedad que todo esto le provocaba eran enormes. Le producían cambios fisiológicos que Margarita reconocía de inmediato. Para ella significaba que se estaba muriendo o perdiendo el juicio. Era seguro que se desmayaría o que sufriría un ataque al corazón.

Margarita percibía los sentimientos de ansiedad como algo peligroso, de modo que trataba de controlarlos, en especial cuando no podía evitar entrar a un negocio o a algún otro sitio «peligroso». Allí la ansiedad era tan intensa, que estaba segura de que no podría hablar sin tartamudear o sin que le temblara la voz. Sentía que se caería en cualquier momento y se vería obligada a apoyarse en una pared para no perder el equilibrio.

Margarita estaba segura de que no podría manejar sin sufrir un accidente, porque no podría controlar el automóvil. Su ansiedad, tan intensa en el negocio, podía transformarse en un ataque de pánico. De manera que siempre procuraba escapar lo más rápido posible y volver a su hogar, donde estaría «a salvo» en caso de otro ataque. Al poco tiempo eludía todo tipo de salidas.

Todo eso no hacía sino incrementar su sentimiento de incompetencia. Se veía ineficiente, inepta. Se convenció de que era una «perdedora», completamente atrapada, controlada por los demás y por su propia ansiedad.

La agorafobia es *irreal*

Lo que acaba de leer es un relato bastante típico y «estandarizado»[1] acerca de cómo se inicia la *agorafobia con ataques de pánico* en una persona (así se identifica oficialmente en los manuales de diagnóstico). La *agorafobia* no fue incluida como una fobia en el capítulo anterior, porque en realidad no lo es. Si usted fuera víctima de agorafobia, desearía que realmente lo fuera. Así podría, como en las demás fobias, encapsular sus sentimientos de temor, adherirlos a algún objeto que fuera fácil de eludir y seguir adelante en la vida. Pero no se puede.

El «temor al área del mercado» —que es lo que connota la raíz griega *agora*— no es una verdadera fobia. En otros tiempos, se consideró como una fobia a los espacios amplios y a los sitios de comercio. Pero ahora sabemos que, por desdicha, a lo que se teme en realidad es al hecho de estar solo o de estar en un espacio público, como en un restaurante con mucha gente o en un negocio del cual sería difícil salir, o donde no podría obtenerse rápidamente auxilio en caso de un ataque repentino. Por lo general, el problema se origina después de un ataque de pánico.

El primer ataque de pánico y la agorafobia

A menudo, el primer ataque de pánico sucede en aquellas personas cuya autoimagen ya está deteriorada y han sufrido la presión del aumento de responsabilidades o quizás la pérdida de alguien fuerte e importante en su vida. Muchos expertos creen que desde el primer ataque en adelante, el paciente vive aterrado de sufrir otro. Temen, en especial, las consecuencias que en su imaginación podrían llegar a la muerte o a la invalidez.

Si usted ha sufrido un ataque de pánico, podrá apreciar por qué los agorafóbicos se sienten abrumados hasta la médula por un ataque así. Sabrá lo que significa sentir estos síntomas:

el corazón acelerado
temblores
dolores abdominales
liviandad
sudor
sensación de que está a punto de desmayarse
despersonalización (sentir que no se «está allí»)

pérdida de la realidad (sentir que las cosas no son reales)
dolores en el pecho
sensación de incapacidad para controlar la propia mente
hiperventilación
temblor interno
debilidad
mareos
sensación de perder el equilibrio o la conciencia

Cualquiera que no haya experimentado esto puede, con un poco de imaginación, captar el terror que sienten aquellos que lo han vivido. No puede sorprenderse que después del primer episodio de esta índole, la meta central de la vida sea prevenir otro ataque de pánico. Los que padecen de agorafobia procuran mantenerse lejos de cualquier sitio donde el ataque pudiera presentarse o donde sienten que no podrían obtener ayuda en caso de que ocurriera. En todos los agorafóbicos que he tratado (y son un número considerable, alrededor de cincuenta), a lo que en verdad se teme, no es al negocio, sino que el próximo ataque de pánico pudiera suceder sin tener fácil acceso al auxilio.

La interpretación de los síntomas

No son sólo los síntomas de la agorafobia los que producen temor. Lo que agrava la situación es que cuando la gente los vive, los interpreta como una amenaza de algo fatal. Recuerde que el monólogo mediante el cual interpretamos lo que nos está ocurriendo puede, en realidad, ser nuestro principal problema. Y recuerde, también, que es espontáneo, no voluntario.

No decidimos de forma espontánea decirnos historias terribles y datos alarmantes. Simplemente brotan en nuestra cabeza por su propia cuenta. De manera que es importante reconocerlos por lo que son y saber que podemos detenerlos con ayuda de la fe.

Si usted ha padecido pánico, ¿cuál de las siguientes creencias erróneas ha manejado para interpretar su experiencia?

Falsas creencias respecto a los síntomas:

«Estoy perdiendo el juicio».

«Voy a sufrir un colapso físico».

«Me estoy asfixiando y voy a morir».

«Me encuentro experimentando un ataque cardíaco».

«Esto es un infarto».

«Voy a perder el control y voy a lastimar a alguien; a mí mismo; voy a gritar; no podré mantener el automóvil en la ruta; voy a perder la razón; mataré a alguien; al menos sufriré una desgracia».

Imágenes aterrorizadoras

Los experimentos han mostrado que en muchas personas que sufren agorafobia, las falsas creencias se presentan como *imágenes* y no sólo como *palabras*. Estas imágenes surgen de pronto en la mente, de manera tan involuntaria, como las verbales. Aquellos que «imaginan» crean escenas mentales en las que se ven a sí mismos desmayándose, humillados por otros, sufriendo terribles accidentes por haber perdido el control, cayendo al suelo y aun muriendo.[2] Sean palabras o escenas las que albergue la mente, todas estas son *creencias*, y todas son creencias *erróneas*. Ninguna de ellas sucede jamás.[3]

El monólogo interior en los lugares cargados de sensaciones amenazantes

Sintonice su propio monólogo interior cuando se encuentre en algún sitio de los que considera peligrosos. Es probable que su reflexión le conduzca a su propio pánico, al aparecer en forma espontánea, creando en su mente pensamientos alarmantes como estos:

«Estoy en un sitio donde me podría suceder algo terrible».

«Estos episodios terribles pueden suceder repentinamente, sin síntoma alguno que los anticipe. Es peligroso quedarme solo aquí, porque no podría obtener ayuda, con facilidad, si la necesitara».

«Debo tener cerca una persona robusta y fuerte, porque podría ayudarme si me sucediera algo».

«¿Qué es eso? ¡Tengo el pulso acelerado? ¿Un dolor en el pecho? ¿Se me endurece el estómago? Quizás está empezando otro ataque. ¿Y si empeora y muero antes de recuperarme?».

Es fácil ver cómo, si deja que este tipo de ideas reinen sin oposición alguna en su mente, terminará en una total tensión. En tanto los deje aumentar, mayor será su tensión, hasta que esté tan tenso y ansioso, que sería como encender al máximo el sistema nervioso autónomo.

Todo este monólogo no hace sino aumentar los síntomas. Es importante percibir este hecho, si quiere recuperarse. Con esas creencias erróneas que repite una vez tras otra en su monólogo interior, no hace sino sumergirse, con más profundidad, en el pánico. Al decirse que no debe sufrir otro ataque de pánico, que tiene que hacer todo lo que esté a su alcance para evitar que le suceda, que no debe permitirse sentir ni el menor atisbo de ansiedad... ¡todo eso no hace sino ponerlo más tenso y propenso al pánico!

La estrategia de evasión y la agorafobia

Lo que los agorafóbicos temen y tratan de evadir es *cualquier* situación en las que estén *solos* o en la que *podrían tener dificultad para obtener ayuda*. Es por esa razón que a menudo evitan los negocios, los restaurantes, conducir automóviles, estar en una multitud y hasta en salones de belleza, consultorios, teatros, trenes, aviones, ómnibus. A veces tienen miedo de ir a cualquier sitio *solos*.

Observe el papel radical que juega la evasión en esta patología. Al igual que otras personas que sufren ansiedad y como todos nosotros en alguna medida, supongo, los agorafóbicos intentan controlar la ansiedad por medio de la evasión y terminan creándose más problemas de los que tenían. ¿Por qué? Se convencen de que son débiles, impotentes y que están a punto de desvanecerse, cuando en realidad no hay peligro real alguno. Al hacerlo debilitan la confianza en su propia capacidad, en su posibilidad de resistir, sobrevivir y batallar.

Los agorafóbicos se consideran más y más incapaces de enfrentar aun las menores exigencias de una situación. No se trata, por supuesto, de una cuestión de humildad basada en una autoimagen veraz. Es más bien una declaración totalmente falsa y destructiva de las propias víctimas en cuanto a su capacidad de desempeño.

Qué puede hacer al respecto

A menudo los agorafóbicos se sienten abandonados por Dios, inseguros, solos. «Si Dios en realidad estuviera conmigo», razonan, «seguramente no sentiría todo este temor ni este pánico». Intentan leer la Biblia y a veces encuentran amenazantes hasta las palabras de las Escrituras, porque les recuerdan su pecaminosidad o ineficiencia. De modo que también empiezan a eludir las Escrituras. Creen que sus oraciones no son respondidas, por lo que también evitan orar. Hablar con Dios se transforma para ellos sólo en un recordatorio de su miserable condición.

Aun así, no importa cuán enterrado esté bajo capas y capas de falsas creencias y terribles imágenes mentales. Quizás tienen fe en Jesucristo como su Señor, Salvador y sanador. Quizás saben, por fe, que Él los va a sanar y a liberar de su desventura.

Si usted está en esa situación, recuerde: No importa cuántas falsas ideas estén repiqueteando en su cabeza, no importa con cuánta fuerza intenten apagar la voz de la fe, muy adentro está aún viva su fe. Esa fe desea ponerse en acción haciendo la voluntad de su amado Padre, sin temor ni vacilación. Deje actuar la voz de la fe y preste atención a sus impulsos: La necesitará para avanzar por las difíciles etapas que implica alcanzar la sanidad.

Seis pasos hacia una nueva vida

¿Qué se puede hacer para superar este tipo de ansiedad? Recomiendo los seis pasos siguientes:

1. Libere su fe y preste atención cuando lo inste a concentrarse en responder a Dios. Reconozca que aquello que ha estado evitando puede ser lo que Dios quiere que haga. Esto significa que no debe pretender verse libre de toda señal de ansiedad.

Quizás albergue la esperanza de que todo lo que necesita es charlar durante algunas semanas, meses o aun años con un terapeuta y que luego, al final de la última sesión, se marchará tan calmado y controlado que no tendrá ningún padecimiento más. Pero no es probable que así suceda. Debe disponer su corazón por fe para aceptar la ansiedad que sea necesaria y durante el tiempo que sea necesario. Debe centrar su atención en *hacer la voluntad de Dios* más que en *sentirse totalmente tranquilo y libre de ansiedad*. Esto parece una paradoja, lo sé, pero es la ruta más directa a la libertad.

2. Practique la relajación profunda a diario y aun dos veces al día (o más, si está tan tenso que necesita varias sesiones para mantenerse convenientemente relajado; véase el capítulo 9). La relajación constante no sólo romperá el arco de la ansiedad durante el tiempo que la practique, sino que de forma progresiva irá reduciendo su nivel general de tensión; y eso es justamente lo que necesita.

3. Practique otras medidas que han probado ser efectivas para reducir la tensión. Deje de consumir esa cafeína que le acelera el pulso (no sólo la contiene el café, sino otras bebidas y algunos analgésicos; controle las etiquetas).[4] Controle que su dieta sea liviana en alimentos poco nutritivos y en cambio fuerte en verduras, legumbres, frutas y alimentos ricos en proteínas.

Por último, practique actividades aeróbicas vigorosas como correr, andar en bicicleta, esquiar, o ejercitarse subiendo y bajando una escalera o una silla. Puede encontrar las indicaciones específicas en muchas fuentes, incluyendo los manuales publicados por las Asociaciones de Cardiología.[5] Varios estudios han demostrado que el ejercicio aeróbico sistemático reduce el estrés, la tensión y la ansiedad. Si ya ha pasado los cuarenta, o tiene problemas cardíacos, consulte con su médico antes de iniciar cualquier programa de ejercicios.

4. Escuche la voz de la fe, aunque el sonido le parezca tenue y siga sus indicaciones de *hacer* precisamente las cosas que ha estado *evitando*, esas que la parte ansiosa de su persona *no quiere hacer*. Elabore una jerarquía

de escenas de las situaciones que evita, empezando por las más simples y continuando gradualmente hasta las más difíciles. En lugar de desensibilizarse recurriendo a la imaginación, hágalo *en vivo* (en la realidad). Diseñe su lista de manera que, al principio, la persona fuerte en la que se siente respaldada, la acompañe en las circunstancias atemorizantes. Luego, a medida que progrese, lleve a cabo las acciones por su cuenta. Avance de forma gradual hacia las escenas difíciles, llevándolas a cabo solo, hasta que no quede ninguna situación que tienda a eludir. Si aun siente algo de ansiedad, debe seguir practicando si en realidad quiere superarse.

5. ¿Y qué del temor y la ansiedad? Los agorafóbicos tienen que esforzarse, muy especialmente, por reemplazar el monólogo amenazante con la verdad porque son sus falsas creencias, acerca de lo que puede ocurrirles, lo que les impide llevar a cabo el cuarto paso de una manera efectiva. En otras palabras, usted tiene que creer que *no* sufrirá una catástrofe tremenda, como consecuencia del pánico y la ansiedad.

Dicho con claridad: No se diga que no sentirá más pánico ni ansiedad. ¡Puede sentirlo! De hecho, todos podemos sentirlo. La ansiedad, y aun el pánico, forman parte de la vida en ciertas circunstancias.

En cambio debe decirse: «Si me siento ansioso y aun si experimento pánico, haré todo lo posible por calmarme. No es fundamental que nunca más vuelva a sentir esas emociones: podré seguir adelante, a pesar de ellas».

Tiene que decirse la verdad respecto a todas esas amenazas acerca de lo que puede sucederle. He aquí el hecho crítico: *«No es cierto que el pánico me llevará a alguna terrible catástrofe. No voy a morir ni perder la razón, ni voy a sufrir un colapso. Lo peor que me puede suceder es que pasaré un mal momento».*

6. Algunas personas que tienen ataques de pánico pueden mejorar con ayuda de medicamentos. La verdadera buena noticia al respecto es que, por alguna razón, las mejores y más efectivas medicinas contra los ataques de pánico *no* son los tranquilizantes (que producen hábito, adicción y que son de dudoso beneficio en estos casos), sino los

antidepresivos (que no producen adicción y rara vez forman hábito). Su médico o siquiatra podrán ayudarle a decidir si la medicación será beneficiosa en su caso.

Si tiene problemas con el pánico y la agorafobia, preste atención a su fe. En la medida que deje que esta le conduzca y motive sus pensamientos y conducta, logrará que el énfasis de la fe en la responsabilidad sea una voz dulce a sus oídos, que lo estimulará a sumergirse en la batalla espiritual. Aunque ahora le parezca imposible, sé que puede dar estos primeros pasos y que seguirá con valentía hasta enfrentar cada uno de esos temores que amenazan paralizarlo.

Capítulo 17

Cómo dejar (casi totalmente) de preocuparse

Algunas personas experimentan la mayor parte de su congoja a nivel mental y no como una fuerte ansiedad fisiológica. En otras palabras, se preocupan. Nos hemos referido a este tema en un capítulo anterior como *ansiedad mental*. Quisiera relatar una experiencia personal en cuanto a la «preocupación».

La primera señal de preocupación se presentó un martes, en una mañana brillante y soleada. Estaba escuchando a un paciente que describía la granja en la que había crecido, cuando mi vista cayó sobre mi licencia para ejercer la sicología en el estado de Minnesota, colgada en la pared del consultorio... de esas cosas que forman parte de la vida cotidiana y que están siempre delante de nuestros ojos pero en realidad no las vemos. Por alguna razón tomé nota de la fecha en que caducaba.

Algo parecía estar mal, muy mal. Me obligué a prestar atención al paciente, pero apenas concluyó la sesión corrí a verificar lo que me parecía que había observado. Era obvio que debía ser un *error*. Mi licencia ya no tenía vigencia. ¡Hacía seis meses que había expirado!

Estaba seguro de haber enviado el dinero de la renovación... ¿O no? ¿Podría ser que no lo hubiese mandado? ¿Cómo podría haberme descuidado con un detalle tan importante?

Revisé cada cajón y manojo de documentos en los que pensaba que podría haber un comprobante de pago de la renovación. ¡No estaba por ningún lado! Estaba ejerciendo la sicología sin licencia. Estaba infringiendo la ley, a menos que Candy hubiese enviado el dinero y tuviésemos un talón de depósito bancario que lo corroborara.

Ella estaba segura de que había enviado el cheque seis meses atrás. ¿Segura? Quizás sí lo había enviado pero nunca nos había llegado la confirmación de mi renovación. Esa noche revisamos los talonarios de chequeras. No. No había renovado mi licencia! Era cierto. Estaba practicando ilegalmente. ¡Eso podría producirme serios problemas!

¿Me preocupaba? ¡Claro que sí! ¡La ansiedad me brotaba por los poros! Me torturaba revisando las terribles posibilidades que tenía por delante.

¿Y si revocaban mi licencia? ¿Si me excluían definitivamente de la práctica profesional? ¿Si me obligaban a reembolsar todos los honorarios que había cobrado durante los seis meses que trabajé sin licencia?

Era la ruina. ¿Cómo iba a vivir nuestra familia? ¿Cómo pagaríamos la hipoteca? ¿Cómo cumpliríamos con la educación de los niños? ¿Y la deshonra? No podía ver sino atroces perspectivas por delante.

De pronto, en medio de toda esa aflicción, me pregunté: «¿Qué es lo que estoy haciendo? Me estoy destruyendo con la preocupación, alimentando mi mente con toda esta basura, ¡sin siquiera saber cómo son las cosas en realidad! Sí, sé algunas cosas, las que *verdaderamente* son. Y el más importante de los hechos es el siguiente: Dios controla esta situación. *Su brazo no se ha acortado.* El Señor es mi Pastor... ¿De quién temeré?».

«Aun si Dios hubiera elegido disciplinarme mediante alguna prueba, está en mí obtener lo mejor de ella en lugar de derrumbarme por la preocupación. Más aun, mi principal objetivo debe ser mantener una actitud calmada y pacífica. Eso es todavía más importante que el hecho de que mi licencia haya sido o no renovada».

¡Vaya! De inmediato me sentí mejor. Desapareció el acaloramiento. Tuve una marcada sensación de alivio. La verdad obró como es de esperar que lo haga. Pude dormir bien.

Cómo lograr que las preocupaciones se transformen en un alud

¡Cuánto desearía que cada uno de mis pacientes afligidos se entregara de lleno a la verdad! La experiencia me muestra que los cristianos que se preocupan casi siempre interpretan de forma equivocada la enseñanza bíblica sobre este tema. ¡La medicina que Dios ofrece para la preocupación les resulta tóxica!

He conocido cristianos ansiosos que toman las promesas y garantías de Dios como una ley con la que se amenazan y castigan a sí mismos. A algunas personas, por ejemplo, las palabras de Jesús: «No os afanéis» (Mateo 6.25-34), les impactan como una severa exigencia respaldada por amenazas implícitas, una imposición legal cuya desobediencia trae dolorosas consecuencias. Se imaginan a Jesús diciendo: «¡Otra vez preocupándote! No puedo aceptarte en tanto sigas desobedeciéndome. ¿No te he ordenado que abandones esa perversa preocupación?».

Como están convencidos de que no la pueden abandonar, se aplican la condenación sobre sí mismos cuando oyen estos pasajes. Desde su perspectiva, cada vez que se sienten ansiosos, están siendo desobedientes y acarreando más castigo sobre sí mismos. Así la preocupación se transforma en una bola de nieve.

¿Son en realidad estas enseñanzas bíblicas un conjunto de severas leyes? ¿No deben ser recibidas más bien como evangelio, como buenas noticias? Aquí, en lugar de las órdenes amenazantes que no podemos de ninguna manera llevar a cabo por más que quisiéramos, lo que encontramos es enseñanza, terapia, recursos que podemos incorporar en un monólogo renovado y poderoso por el cual, Dios y su verdad, puede liberarnos de la ansiedad y la preocupación.

¿Quién tiene el control, después de todo?

En última instancia, usted no es responsable de su persona. Actúa hasta donde le es posible y luego debe dejar el resultado en manos de Él, que se hará responsable de usted, como Padre amante y omnipotente. Su monólogo debe estar saturado con la verdad de que, una vez que le ha hecho conocer a Dios su petición, *nada vuelve a ser igual*. Para quienes entienden a Dios de la manera en que espera que lo entendamos, eso sólo puede ser buena nueva.

Consideremos el caso de mi cuñado, Eugene Fazholz, por ejemplo. Hace poco estaba en el hospital recuperándose de una angioplastia (una intervención quirúrgica que permite ensanchar una arteria para que fluya más sangre al corazón). Le habían advertido que la arteria podría cerrarse de nuevo dentro de las veinticuatro horas, con consecuencias desastrosas.

La preocupación y la ansiedad lo atormentaban. Se decía: «Soy un atleta. Siempre he logrado hacer que mi cuerpo responda como se lo pida. Pero ahora, que digo que *debo* dejar de sentirme ansioso y tenso, no consigo obligarme a hacerlo», cuanto más se repetía que debía controlar su ansiedad, tanto peor se ponía.

Entonces Dios le habló: «¿Quién tiene el control de la situación, Eugene?».

«Tú, Dios mío», respondió de inmediato.

Con esa respuesta, la verdad se iluminó dentro de él. Al mismo tiempo, una poderosa oleada de paz inundó su mente y los pensamientos atormentadores se acallaron. ¿Por qué? Porque estas palabras eran la buena nueva que con tanta frecuencia pasan por alto las personas ansiosas: La noticia de que no era él quien tenía que curarse y salvarse en esa situación, que su bienestar estaba totalmente en manos de una persona amante, misericordiosa y todopoderosa.

Es una buena noticia saber que no hay nada que podamos hacer. Es un enorme alivio poder dejar las cosas en manos de Dios. Es un regalo, es como caminar a primera base en el béisbol sin haber bateado.

Por eso: «No os afanéis por nada». «No os preocupéis por el día de mañana» y otras enseñanzas bíblicas acerca de la aflicción son un evangelio: nos anuncian libertad. No necesitamos ponernos ansiosos. No son una ley que nos reprocha por ser tan mediocres como cristianos si resulta que nos preocupamos alguna vez.

Listas mentales tipo «Y si...»

Cuando los cristianos no logran dejar de preocuparse, es porque no han empezado a hacer aquello que es muy efectivo contra la ansiedad. Las personas, que son por lo general ansiosas, elaboran mentalmente y por rutina, la peor construcción posible de cada situación. Sin embargo, las situaciones, las circunstancias y los hechos en sí mismos no tienen poder alguno para afectarnos.

«A los hombres no los perturban las cosas», decía el filósofo estoico Epicteto, «sino la perspectiva que tienen de ellas». Las personas ansiosas optan por la perspectiva más catastrófica posible cuando interpretan el significado de los sucesos. Se explican sus propias desgracias diciéndose que nunca podrán salir ganadores, que siempre hacen mal las cosas, que carecen totalmente de habilidad. Por lo tanto, no valen nada. Predicen con total certidumbre que los hechos terminarán de la peor manera imaginable.

De acuerdo con este hábito de elegir las explicaciones más negativas posibles, los ansiosos terminan elaborando listas mentales de todas las cosas adversas que podrían suceder. Clasifican en su mente todo lo que imaginan que puede tener una derivación negativa. Las frases del monólogo interior de las personas ansiosas empiezan todas con «¿Y si...?», a lo que sigue una expresión de contenido adverso.

Haga lo que esté a su alcance

Si es de este tipo de personas, ¡busque ayuda! He aquí lo que *usted* debe hacer: Arrebate las riendas de las manos de Satanás y de la carne, y póngalas firmemente en manos de su *fe*. Recuerde que la fe es viva, laboriosa y activa, no pasiva. No se queda sentada protestando. Así que proceda por fe.

En primer lugar analice los pasos que puede dar en cuanto a la curación y la prevención. Luego dé dichos pasos. Pueden parecer obvios, pero muchas personas ansiosas no hacen otra cosa que quedarse enterradas en sus abismos de preocupación, sin siquiera pensar en lo que pueden hacer y lo que está a su alcance para sanar y prevenir el mal.

Bernardo se atormentaba con el siguiente pensamiento: «¿Y si me viene un ataque cardíaco?». Le pregunté si su médico había diagnosticado alguna debilidad cardíaca.

—No sé. No he visitado al médico en los últimos años —me respondió.

—Pues ve a hacerte un control médico y pregunta especialmente por tu estado cardíaco —le sugerí—. Si realmente hay problemas, es mejor que los conozcas para que sepas cómo cuidarte.

Bernardo dudaba. Hacía tiempo que venía eludiendo descubrir lo que en su imaginación estaba seguro de que sería algo horrible, catastrófico. (Había interpretado los hechos de la manera más negativa posible.)

Pero, al final, fue al médico. Le dijeron que estaba en perfectas condiciones y le mostraron los estudios. Conclusión: Bernardo dejó de protestar respecto a la inminencia de un ataque cardíaco. Por lo tanto, su preocupación y su nerviosismo disminuyeron de manera notable.

Debo hacer notar que Bernardo no era una persona tan severamente ansiosa como otras. Hay quienes hubieran escuchado al médico dar su informe y luego se hubieran dicho a sí mismos: «Sólo dice eso para dejarme tranquilo. Sabe que no tengo esperanzas y que estoy desahuciado».

Si usted es de aquellos que se afligen por su estado físico, deje de protestar acerca de su salud y vaya a hacerse un chequeo médico. Luego realice todo lo que esté a su alcance para mantenerse en buen estado de salud o para sanarse si fuera necesario.

¿Se impacienta porque teme desaprobar el examen para conducir, pero al mismo tiempo quiere tener una licencia para ello? Deje de postergar el momento de la verdad: Vaya a presentar el examen.

¿Desearía aprobar un curso de trigonometría o de ruso, pero se repite constantemente que podría fallar y en consecuencia no se decide a empezar? ¡Vaya por fe y hágalo!

¿Se atormenta por los terribles desastres que podrían suceder si invitara a cenar al jefe y a su esposa, y desearía poder quitarse de encima el compromiso? ¿Sigue dando excusas para no dar su testimonio en la iglesia porque se pone ansioso cuando tiene que hablar en público? En lugar de evitar la prueba deje que su fe viva, laboriosa y activa lo lleve a enfrentar y realizar aquello que lo atemoriza.

¿Se preocupa por cuestiones de dinero? ¿Qué medidas ha tomado para revisar su presupuesto o para aumentar los ingresos? ¿Le preocupa que otros no lo vayan a querer? Aprenda todo lo que pueda en los libros respecto a cómo ganar amigos o tome cursos sobre comunicación.

Ya se habrá dado cuenta de la clave: ¡actuar!

Primero la oración y he aquí el porqué

La primera de las acciones efectivas y poderosas que la fe nos guiará a realizar es *orar*. ¿Puede ayudarnos la oración? Por supuesto. La oración de fe ha probado fehacientemente su efectividad en situaciones en las que estamos afligidos. He aquí cuatro incontrovertibles razones para volcarnos a la oración en fe y tener la seguridad de que modificará las cosas por las que nos preocupamos:

- Dios nos *ordena* orar: «Invócame en el día de la angustia», dice Dios; «te libraré, y tú me honrarás» (Salmos 50.15). Dios nos hizo y nos redimió, de modo que los creyentes en Cristo hemos consagrado nuestras vidas a obedecerle. Aun si la oración no produjera resultados, el hecho de que Dios mismo nos encomiende a hacerlo debiera ser suficiente razón para que esa sea la primera medida que tomemos cuando estemos preocupados. Él es Dios. Obedézcale.
- Dios *promete* escuchar y responder a la oración. El pasaje que acabamos de considerar en el Salmo 50 ejemplifica esta inamovible promesa. Las enseñanzas de Jesús incluyen su declaración de que la oración produce resultados y de que, si pedimos algo, lo recibiremos (Mateo 7.7-8). La Biblia contiene innumerables afirmaciones acerca de que Dios responde a la oración. Una persona que las lea con cuidado pronto advierte que el Espíritu Santo está muy ocupado en este tema.[1]
- Hay abundantes historias de casos registrados en la Biblia y en anécdotas biográficas de distintas fuentes, que proveen ejemplos

contundentes de que Dios oye y responde a la oración. La pobre mujer cananea oró a viva voz por su hija con el resultado de que esta fue liberada (véase Mateo 15.22-28). El leproso oró pidiendo misericordia y fue limpio (véase Lucas 5.12-13). Elías vivió un dramático desenlace cuando oró para que descendiera fuego del cielo sobre el altar del Señor (véase 1 Reyes 18.17-40).

Norman Grubb ha relatado la fascinante historia de Rees Howells, un minero de carbón en Gales, cuyo ministerio de intercesión produjo espectaculares resultados.[2] En especial llaman la atención los relatos de Grubb respecto al efecto de la intercesión de Howells y otros miembros de su congregación, sobre ciertas batallas de la Segunda Guerra Mundial. Smith Wigglesworth, George Mueller, G. C. Bevington, Kathryn Kuhlman, Basilea Schlink, el padre Francis MacNutt, el hermano Andrew, Don Basham, Watchman Nee y muchos, muchos otros, han relatado notables consecuencias de las respuestas a la oración.[3]

- La *investigación científica* ha demostrado la efectividad de la oración. El experimento más sorprendente que he visto sobre la oración es una investigación reciente, diseñada con cuidado y llevada a cabo por el Dr. Randolph C. Byrd del Departamento de Cardiología del Centro Médico General en la Universidad de San Francisco en California. Este estudio es inusualmente convincente porque fue diseñado de acuerdo a lo que los científicos denominan «doble control». Cuando los científicos hablan de «doble control» en un experimento, aluden al hecho de que ni los sujetos investigados ni ninguna otra persona en contacto con ellos saben en realidad cuál es el grupo sometido a la investigación y cuál no está recibiendo tratamiento alguno. De esa manera se excluye cualquier influencia de la sugestión.

En este caso el tratamiento consistía en oración cotidiana, a favor de los pacientes, llevada a cabo de manera voluntaria por cristianos consagrados. También había un grupo de control, con pacientes por los cuales no se realizaba oración durante el experimento. Los grupos fueron elegidos al azar y los voluntarios oraban en sus hogares, sin contacto alguno con ninguno de los pacientes. El resultado fue que los pacientes por quienes se estaba orando mostraron progreso en todos los aspectos. Requerían menos asistencia con la respiración, menos medicamentos y estaban, en general, en mejores condiciones durante todo el proceso que aquellos del grupo de control.[4]

La oración es efectiva. De modo que más vale que realice algo que promete ser efectivo. La primera acción que su fe lo llevará a emprender es la oración.

El paso siguiente de la fe: Encontrar la verdad

Cualquier situación incluye muchos factores sobre los cuales no tenemos, en lo absoluto, ningún control. De modo que, después de hacer lo que esté a su alcance, pregúntese: «¿Qué es lo mejor que puedo imaginar como desenlace de esta situación?».

Repase mentalmente las interpretaciones positivas factibles, siempre acordes con la realidad. No necesita distorsionar la realidad, modificar los hechos o abandonar la lógica. Con frecuencia, la interpretación de un mismo conjunto de hechos puede variar de manera desmedida.

Por ejemplo, digamos que esperaba que su cónyuge llegara a casa hace media hora, pero aún no ha regresado ni ha telefoneado. Si usted es una persona ansiosa, empezará a decirse: «Ha sufrido un accidente terrible. Es probable que se encuentre herido o muerto. Me quedaré solo. ¿Cómo me las voy a arreglar?».

Pero de la misma forma podría asumir una explicación más positiva (y más realista): «Está bajo la protección de mi Padre celestial. Es posible que se haya retrasado en la oficina y que no pudiera telefonear. Llegará a casa en unos minutos». ¿Cuál de esas dos interpretaciones de los hechos piensa que le brindará más tranquilidad?

¡Con frecuencia, la interpretación positiva es la que tiene más probabilidades de ser cierta! Los síntomas de tensión *no* son señal de problemas cardíacos. Los cónyuges, por lo general, *no* llegan tarde porque han sufrido terribles accidentes. Una notificación judicial *no* necesariamente significa que vienen de inmediato a embargar su automóvil. La fe cristiana, por sobre todo, le asegura que Dios tiene control de la situación para su bien.

Dígase la verdad acerca de los hechos y sucesos sobre los que no puede intervenir. Siempre hay un punto más allá del cual no logra controlar las cosas. Por ejemplo, las decisiones de otra persona están más allá de su control directo. De manera similar, el clima, el desarrollo de una enfermedad, las decisiones de los tiranos y muchas otras cosas, aunque pudieran ser importantes para usted, no están bajo su control. De hecho, si procurara hacer una lista de todos los factores que afectan su vida, sobre los cuales tiene poco o ningún control, la lista sería interminable. Entre tanto, toda su impaciencia no incrementará en un ápice su control.

Podría resultarle desalentador saber que no tiene control de todo. Pero si damos por sentado de que usted es cristiano, su fe sabe y confía en una persona que sí tiene todo bajo control y que es absolutamente confiable, fiel y lo ama mucho más de lo que puede alcanzar a imaginar.

Pregunta, debate, discusión

Muchas personas ansiosas no pueden romper el hábito de elegir lo negativo. Sin embargo, ¡la investigación demuestra que es posible! ¿Qué puede hacer en lugar de afligirse? Lo primero que puede hacer es *contradecir sus interpretaciones negativas.*

Con esto quiero decir que puede recordar y decirse quién es el que controla la situación, reemplazando sus pensamientos ansiosos con la verdad. En lugar de enojarse por lo que no puede controlar, ponga por escrito sus afirmaciones intranquilizantes. Luego hágase preguntas desafiantes sobre esas declaraciones. Finalmente, discútalas confrontándolas con explicaciones veraces positivas. ¡Discuta con energía! A continuación hay algunos ejemplos de cómo puede proceder.

Deje de preocuparse por la preocupación

Algunas personas se preocupan por su propia ansiedad. Dicen: «Si en esta ocasión no me recupero de la ansiedad, después de leer este libro o de visitar a tal médico o de recibir aquel ministerio de oración, entonces ya no tengo esperanzas. Nunca me voy a mejorar. De seguro viviré como un miserable el resto de mi vida». «Me sentiré aun peor que antes porque ya no tendré esperanza. Luego mi esposa se cansará de mi actitud y me abandonará. Mis hijos me perderán el respeto. Todo será mi culpa. Es *imprescindible* que me cure esta vez».

Cuando le suceda eso, he aquí lo que debe hacer. Primero, *hágase preguntas desafiantes:* ¿Quién dice que esta sea su última oportunidad? ¿Qué evidencias tiene de que su esposa y sus hijos no lo respetan? ¿Cómo sabe que su esposa lo va a abandonar si usted no supera la ansiedad? ¿Acaso no es cierto que, si bien le *gustaría* que este tratamiento fuera efectivo, nadie tiene autoridad para asegurar que *debe* reponerse ahora o nunca?

En segundo lugar, *defienda la verdad con énfasis y energía.* Basta con eliminar las simples negativas a sus falsas creencias: «Esta no es mi última oportunidad. Sí tengo esperanza. Me voy a mejorar. Mi esposa no se va a hartar de mí».

Lo que tiene que hacer es ofrecerse interpretaciones positivas, veraces, como estas: «Si esto no da resultado, al menos no estaré en el mismo punto de partida. Habré descartado un procedimiento, de manera que podré empezar a buscar otro. Nadie queda en el mismo sitio de por vida. Mi esposa no ha dicho ni una sola palabra respecto a que se haya cansado de mí o que me va a abandonar si no salgo a flote esta vez. La *verdad* es que si no me mejoro en esta oportunidad, me sentiré frustrado, pero no derrumbado».

Deje de preocuparse por otras personas

Algunos son inveterados *ansiosos sociales.* Nunca dejan de amenazarse con el fantasma de las reacciones desfavorables que otras personas tendrán hacia ellos. Se dicen falsedades como estas:

- «Si hablo de mi fe en la oficina, mis compañeros no van a quererme y me van a considerar demasiado religioso».
- «No debería haberle dicho a Simón que no podía salir a andar en bicicleta con él. Quizás piense que no me gusta hacer cosas al aire libre y no vuelva a invitarme».

- «Tengo miedo de decirle a Jimena cuánto me disgusta que traiga a su novio al departamento a dormir con ella. Quizás pensaría que soy una mojigata».

- «¿Y si el vendedor considera que no tengo nivel para comprar el modelo más caro?».

- «¿Y si mi jefe se entera de que estoy ansioso? ¿Me dejará sin trabajo?».

He aquí lo que debe hacer en situaciones como estas. Primero, como ya he sugerido, *hágase preguntas desafiantes*. ¿Acaso *usted* deja de querer a las personas por el hecho de que estén comprometidas con los valores de la fe y el amor verdadero? Si no actúa de esa forma, ¿por qué supone que *otros* lo harán? ¿Qué le hace pensar que Simón tome esa conclusión apresurada? ¿Tiene evidencia de que actúe de esa forma? ¿Y si Jimena admitiera que su moral es más descuidada que la que usted sostiene? Y más allá de cuál fuera su postura, ¿no tiene la responsabilidad de confrontarla en este terreno?

¿En qué cambiará su vida lo que piense el vendedor de su nivel de adquisición? ¿Le importa en realidad lo que él piense? ¿Cuántas personas conoce que hayan quedado cesantes por ansiosas?

Una vez más, el segundo paso es *discutir en defensa de la verdad, con énfasis y vigor*. Si habla acerca de su fe de manera natural, afectuosa, seguro de sí mismo, la mayor parte de la gente lo va a aceptar. Si no lo hace, no pasará nada. Es imposible caerle bien a todo el mundo. ¡Lo importante es que sea auténtico en Cristo y acepte lo que le toque vivir!

Si Simón no vuelve a invitarlo, no hay ninguna ley que impida que usted lo llame a él. ¡Hasta podría proponerle una salida en bicicleta!

Si Jimena piensa que sus normas son demasiado rígidas para ella, lo peor que puede suceder es que tenga que mudarse. Siempre habrá con quien volver a compartir el alquiler. Quizás esta vez encuentre una persona cristiana. Averigüe en su iglesia si no hay personas buscando con quien compartir la residencia.

Me imagino que no pensará que el vendedor vuelve a su casa y se queda cavilando acerca de su bajo nivel económico. En realidad va a estar contento de que le haya comprado *algo*.

La mayoría de los jefes estarán dispuestos a ayudarlo a salir adelante si se enteran de que se siente ansioso e incómodo. Es probable que su jefe lo sorprendiera si usted le confiara los sentimientos que tiene. Él no quiere dejarlo cesante, porque no quiere ser visto como un ogro antipático y, además, sabe lo eficiente que es usted.

Deje de preocuparse por tantos «debo»

Algunas personas ansiosas se destacan por la habilidad de cargarse con falsas obligaciones y culpas. Su monólogo ansioso está lleno de «debiera» o «no debiera». No es que estén preocupados por obedecer los mandamientos de Dios. Lo que hacen es someterse a alguna ley de invención humana, en vez de regocijarse con la libertad que les confiere el evangelio (como dice Romanos 13.8: «No debáis a nadie nada, sino el amaros unos a otros»). He aquí algunos ejemplos de falsa obligación o culpa:

- «Debería devolver ese favor».
- «Debería desempeñarme mejor de lo que hago».
- «Debería siempre lograr obtener el mejor trabajo».
- «Debería siempre lograr el éxito».
- «Debería obtener mejores resultados».
- «No debería cometer errores jamás».
- «No debería nunca llegar tarde».
- «Debería ser mejor que los demás en todos los terrenos».
- «Debería sentirme bien todo el tiempo».

En estas situaciones, también puede aplicar los dos pasos que hemos considerado. Primero, *hágase preguntas desafiantes*. ¿Dónde dice Dios que todos los favores deben ser devueltos con las mismas características? *¿Por qué* tendría que realizar esto mejor de lo que lo hago? ¿Por qué voy a tener la obligación de triunfar? ¿Y si no salgo siempre exitoso? ¿Qué va a ocurrir? ¿Quién dice que debo lograr obtener el mejor trabajo?

¿Qué tiene de malo que cometa un error? ¿Hay algún pasaje de las Escrituras que enseñe que nunca se debe cometer un error? ¿Por qué no puede haber circunstancias en que llegar tarde sea lo pertinente y aun preferible? ¿Acaso no hay ocasiones en que no existe alguna diferencia en no ser *mejor* que los demás? ¿Insistió acaso Jesús en que siempre debemos sentirnos bien?

En segundo lugar, *defienda con energía la verdad*. No se trata de agregar automáticamente la partícula negativa a sus falsas creencias. Piense en el tema. Llénese de razones positivas y estimulantes a favor de la verdad.

Algunos favores no pueden devolverse porque las personas que lo hicieron no están accesibles. Hay quienes hacen un favor porque ya se sentían previamente endeudados con usted, por lo que no esperan una devolución. Sería lindo lograr mejor desempeño del que tengo en algunos terrenos, pero no voy a parar a la cárcel por eso. Hay ocasiones en que ni siquiera vale la pena tener éxito o ser el mejor, o lograr mi mejor desempeño, de modo que no es cierto que «siempre...».

Puedo cometer errores, la mayor parte de estos no son demasiado importantes. Mis sentimientos son el producto de mi monólogo interior y de mi condición sicológica, de manera que en algunas situaciones no serán placenteros. Cuando tenga que soportar emociones desagradables, puedo aprender la forma de lograr que no me sienta tan mal al respecto la próxima vez.

Corte de raíz sus cavilaciones

Además de discutir contra sus creencias erróneas, en nombre de la verdad, puede hacer algo más para dejar de preocuparse. Una táctica adicional es la de *interrumpir sus pensamientos de aflicción*. Si imita los ejemplos que hemos presentado, puede contrarrestar sus pensamientos de aflicción con ayuda de su fe, comprometiendo su mente y corazón con la verdad.

Siéntase en libertad de interrumpir sus pensamientos de preocupación. Si los puede eliminar, mejor aún. Córtelos de raíz confrontándolos con preguntas desafiantes como las que planteamos anteriormente.

Reelabore sus pensamientos de aflicción de manera que se adapten a la verdad antes de que tengan la menor oportunidad de ocupar un espacio en su corazón. Luego dirija su atención a alguna otra cosa que le interese mucho. Haga esto todas las veces que sea necesario para romper el hábito de la preocupación.

Haga aquello que le da temor

Por último, expóngase a aquello que lo aflige y que en realidad es totalmente inocuo. Recuerde que la fe lo insta a avanzar, a hacer lo que Dios le pide. Intente deliberadamente hacer aquello que lo aflige. Recuerde cómo preserva la evasión a la ansiedad y hasta puede empeorarla. Investigue si hay alguna forma en que pueda exponerse de manera abrupta o gradual a esas cosas que considera tan amenazantes.

Exponerse podría significar decidir, con toda intención, hacer aquello que le preocupa tanto. Por ejemplo, propóngase por un tiempo no devolver favores. Hágase el propósito de no lograr su mejor desempeño en algunas tareas.

Hojee el diario, en vez de leer cada línea con cuidado. Reciba invitados y sírvales un menú intencionalmente sencillo: En lugar de camarones o costillas, pruebe servir un estofado o una pasta simple. Pruebe no cumplir ningún cometido durante un día íntegro, medio día, una hora, diez minutos. Entre en un negocio y pida cambio sin comprar nada.

Si teme que los ascensores se traben, dedique un tiempo específico cada semana para no hacer otra cosa que pasear en ascensor, en distintos edificios, hasta que se le pase la inquietud. Si se preocupa porque las personas lo rechacen por mostrarse ansioso, elija a quien confiarle sus sentimientos y hacerlo partícipe de su secreto. Quizás podría confesar su ansiedad a varios de sus amigos y colegas, uno a uno, y observar cómo disminuye su desasosiego con cada confesión.

Una precaución a tener en cuenta: El alivio que le produce hablar a otros acerca de su ansiedad no debe llevarlo a hablar solamente de eso. No se trata de convertirse en un «paciente vitalicio».

Si no encuentra una manera creativa para exponerse concretamente a las cosas que lo ponen ansioso, intente hacerlo en su imaginación. Después de aprender a relajarse, tal como se indicó en el capítulo 9, elabore escenas mentales en las que se vea haciendo aquello que teme. Luego de relajarse profundamente, visualice las escenas una por una hasta que dejen de producirle inquietud.

Después de poner todo esto en práctica quizás considere que necesite ayuda de un sicoterapista profesional. ¡No tiene algo de malo buscarlo! La preocupación y la ansiedad, si exceden lo que usted mismo puede manejar y resolver, es probable que cedan con una terapia adecuada.

Si es cristiano, puede investigar los nombres de algunos sicólogos o terapeutas creyentes, llámelos por teléfono y pregunte qué terapia aplican para la ansiedad. Si lo que sugieren se parece a lo comentado en este libro, pida una consulta con el que mejor le parezca, y considere después de una sesión si entiende que le puede ayudar. No se arrepentirá: En la actualidad, los métodos de terapia usados son casi siempre efectivos para superar la preocupación y la ansiedad.

Satisfacción, felicidad y fe

La preocupación impide disfrutar la felicidad, porque nos impide vivir el presente. He observado que mucho de lo que los medios informativos trasmiten como noticia, no se refiere a cosas que hayan sucedido recientemente, sino a lo que los expertos piensan que va a suceder. Sus predicciones son, por lo general, negativas, ¡igual que las predicciones de las personas ansiosas! Lo que es más, a menudo esas predicciones de los expertos, lo mismo que las de personas ansiosas, son erróneas.

El filósofo francés, Blas Pascal, también observó que la persona ansiosa tiende a enfocarse en el futuro, en lo que *va a suceder* (y en ocasiones en el pasado, en sus faltas y errores). De la misma forma que escuchar las últimas noticias rara vez mejora nuestro estado de ánimo, vivir preocupándonos por todo nos impide disfrutar de la felicidad. Esta viene de la satisfacción que obtengamos del presente.

La investigación ha mostrado que, por lo que a la felicidad concierne, no importa ser rico o pobre, ciego o con vista, cuadripléjico o normal, sano o enfermo, con cabello o calvicie, bajo o alto. Lo que sí cuenta es estar satisfecho y viviendo en el presente.[5] La fe, en contraste con la preocupación, significa vivir el *ahora*, dejando los errores del pasado al pie de la cruz y las preocupaciones del futuro en manos de Aquel que es dueño del futuro.

Por lo general, comprobamos que toda nuestra aflicción no tenía razón de ser. ¿Recuerda todo mi ajetreo respecto a la renovación de la licencia profesional? Llamé a la oficina pertinente y comprobé que en efecto no la había renovado. Pero la secretaria no reaccionó como si fuera algo terriblemente inusual. Me informó que había enviado una notificación con la factura por la renovación y un recargo por demora.

—¿Eso es todo? —pregunté incrédulo.

—Sí, Dr. Backus, eso es todo.

¡Qué desperdicio de energía por haberme afligido tanto!

La fe puede vencer

Quizás se pregunte qué sucedió, al final, con las personas de las que hemos hablado en los capítulos anteriores. ¿Podían por fe desafiar sus arraigados hábitos evasivos y contrarrestar las falsas creencias que los respaldaban? Podían y algunos de hecho lo hicieron.

Lorenzo, por ejemplo, que a los veintiséis años nunca había tenido novia porque tenía temor de invitar a alguien a salir. Después de trabajar un tiempo su intranquilizante suposición de que no había ninguna probabilidad de que alguna joven atractiva lo aceptaría como pretendiente, una noche logró sujetar su mano temblorosa y marcar el teléfono de la elegante joven morena que había conocido recientemente en un concierto. Quince minutos después, la cita estaba concertada.

Ocho meses y medio más tarde, Lorenzo y Karina se casaron. Lorenzo también ha logrado desafiar y superar varios hábitos más de evasión. Además de atacar sus falsas creencias, su nuevo enfoque disminuyó, de manera considerable, el temor que sentía de que otras personas, en especial las que eran atractivas e interesantes, pudieran rechazarlo.

¿Recuerda a Carlos en el capítulo 2? Tuvo que pensar largo y tendido para renunciar a los engañosos sentimientos de seguridad que le confería evitar a sus amigos en la congregación. Se dio cuenta de que el único camino a la libertad era una cirugía profunda, de modo que escogió un camino para avanzar paso a paso a restituir su vínculo con la raza humana. No le fue fácil volver a congregarse después de interrupciones, cada vez más largas, de la comunión con la iglesia. Pero a medida que lo hacía, desafiando con energía sus falsas creencias, su fe poco a poco fue venciendo sus viejos hábitos evasivos y la ansiedad que le producía estar en la iglesia fue disminuyendo.

Ada, de quien hablamos en el capítulo 2, había llegado a convencerse profundamente de que no podría soportar la ansiedad y el pánico que podía sentir si no contaba con la asistencia inmediata de su esposo en cualquier lugar que estuviera. Había manipulado a su esposo hasta establecer con él una asociación neurótica al punto de que Pablo mismo se había convencido de que simplemente debía acompañarla a cualquier lugar que fuese. Era importante que trabajaran juntos para desafiar las falsas creencias que habían incorporado respecto a la constante «ayuda» requerida por Ada.

Lo hicieron. Ada diseñó una serie de proyectos en los que se aventuraría sola, a la vez que Pablo se esforzó por no emitir sus dudas nada provechosas. Al principio, Ada probó hacer cosas fáciles, como ir a un negocio a una cuadra de la casa. A medida que sus aventuras avanzaban con dificultad, logró demostrarse a sí misma y a Pablo que podía hacer cualquier cosa que quisiese sin su compañía. Por fe se atrevió a hacer lo que más temor le daba: salir sola. Hasta donde conozco, ella y Pablo se han mantenido libres de su viejo problema.

Algunos pensarán que estas victorias resultan pálidas en comparación con el intrépido valor de los mártires mencionados en Hebreos 11, que por fe acometieron actos de verdadera bravura. Desde un punto de vista objetivo es cierto que los mártires enfrentaron peligros reales, en tanto aquellos que desafían su ansiedad sólo se están enfrentando a sus propios sentimientos dolorosos. Pero aun así, me siento emocionado e impactado cada vez que veo personas corrientes que logran hacer a un lado los temores que los afligen y se aventuran en lo que para ellos son situaciones aterradoras, a fin de superar sus falsas creencias y sus hábitos evasivos. Tienen en común algo importante con los mártires: Están ejerciendo una fe genuina en el Dios cuyas promesas resultan para ellos más reales que la ansiedad que agita su corazón. ¡Confían en Dios con una fe que es genuinamente viva, laboriosa y activa!

¿Puede imaginarse alcanzando la misma victoria en su propia vida? Quizás no lo logre sin ayuda. Pero *puede* contar con ella. Jesús ha prometido que nuestro Padre enviará el Espíritu Santo a quienes lo pidan, y que el Espíritu vendrá como «consejero» y como «consolador» (véase Juan 14). La palabra que usa la Biblia significa literalmente «uno que viene y se queda con nosotros». Lo que otros han encontrado, y lo que usted puede descubrir por sí mismo, es que puede contar con el Espíritu Santo a su lado para ayudarle a mantenerse en la verdad, para desafiar con ella las creencias erróneas y la evasión en su propia vida.

Una plegaria

«Padre, estoy cansado de postrarme ante la ansiedad, harto de vivir evadiendo y estoy decidido a dejar que mi fe sea viva, laboriosa y activa para vencer. Pero, Señor, sé que no puedo hacerlo sin tu Espíritu Santo. Envíalo, Padre, para que esté a mi lado al disponerme a vencer la evasión. No pretendo que disuelvas mi ansiedad sin esfuerzo alguno de mi parte. Pero sí espero que me des el coraje que necesito para seguir adelante y resistir, aun si el camino hacia la libertad resultara difícil. En el nombre de Jesús. Amén».

NOTAS

CAPÍTULO 1

1. *Hans Selye, Stress Without Distress (New York: Signet, 1974).*

CAPÍTULO 2

1. Jeffrey Scott Steffenson, *Communication Anxiety*, disertación inédita. Tesis presentada en la Universidad de Minnesota, Duluth, 1990, p. 4.

2. *Anxiety, The Endless Crisis*, grabación producida por *Center for Cassette Studies*, 38588.

3. Ernest Becker, *The Denial of Death* (New York: The Free Press, 1973).

CAPÍTULO 3

1. Hemos analizado en el capítulo 1 *las falsas creencias* y su papel en la producción de la ansiedad.

2. Véase, por ejemplo, John Theodore Mueller, *Christian Dogmatics*, (St. Louis: Concordia Publishing House, 1934), p. 232.

3. Dietrich Bonhoeffer, *El costo del discipulado* (Ed. Aurora).

4. Esta referencia ampliamente citada es parte del grandioso *Prefacio a la Epístola de Romanos* escrito por Lutero en 1522. Esta cita ha sido tomada de *The Works of Martin Luther*, Philadelphia Edition, vol. VI (Philadelphia: Muhlenberg Press, 1932), pp. 451-52.

5. Para informarse de algunos de los experimentos pioneros en este terreno, véase R. L. Solomon y L.C. Wynne, «*Traumatic Avoidance Learning; The Principles of Anxiety Conservation an Partial Irreversibility*», *Psychology Review* 61, 1954, pp. 353-85.

CAPÍTULO 5

1. Véase p. ej., Proverbios 22.6: «Instruye al niño en su camino, y aun cuando fuere viejo no se apartará de él». Compare también Efesios 6.4. Los sicólogos conductistas (muy ignorados por los consejeros cristianos) han provisto una buena cantidad de información acerca de cómo hacer ese entrenamiento de una manera efectiva.

2. Romanos 6.20-23. En especial observe la expresión: «Mas ahora que habéis sido libertados del pecado y hechos siervos de Dios, tenéis por vuestro fruto la santificación, y como fin, la vida eterna».

3. Léase Romanos 6—8 para una discusión detallada de estas dos naturalezas y el conflicto entre ellas que experimenta cada creyente. Dos recursos adicionales para aquellos que quieran cursar esta materia, además: Anders Nygren, tr. Carl C. Rasmussen, Comentario sobre Romanos (Filadelfia: Muhlenberg Press, 1949), pp. 230ss.; y Watchman Nee, La vida cristiana normal (Fort Washington, Pennsylvania: Cruzada de Literatura Cristiana, 1971). El libro de Watchman Nee ofrece una guía práctica para vivir en medio de la compleja realidad la doble personalidad normal de la siquis cristiana.

CAPÍTULO 6

1. En el Salmo 91.10 se llega a decir que nada de lo que le ocurra a una persona de fe puede ser realmente malo. En 2 Timoteo 3.3 se expresa con claridad que Dios guardará de todo mal a la persona de fe. Y en Romanos 8.28, donde se señala la misma verdad en otras palabras, dice que todo lo que ocurre en la vida de una persona, la fe contribuye y colabora con todo lo demás para producirle un supremo bien.

CAPÍTULO 7

1. J. B. Watson y R. Rayner, «*Conditioned Emotional Reactions*», *Journal of Experimental Psychology*, vol. 3 (1920), pp. 1-14.

CAPÍTULO 8

1. Dietrich Bonhoeffer, *El costo del discipulado,* Ed. Aurora. El pastor Bonhoeffer cumplió literalmente sus palabras cuando, por testificar de Cristo, fue
   sometido al martirio por los nazis en 1945.

2. Hebreos 10.32-36 nos insta a la perseverancia y la aceptación gozosa, que es
   lo único que puede hacer que la fe cristiana haga posible el *cumplimiento* de
   la voluntad de Dios.

3. Rollo May, *The meaning of Anxiety,* edición revisada (New York: W.W.
   Norton, 1977).

CAPÍTULO 9

1. E. Jacobson, *Progressive Relaxation* (Chicago: University of Chicago Press,
   1938) y *You Must Relax* (New York: McGraw Hill, 1962).

2. El autor recomienda el manual *Exercise and Your Heart* [La actividad física y
   su corazón], publicado por la Asociación Americana de Cardiología. Publi-
   caciones similares con buen respaldo científico pueden adquirirse también
   en países de habla hispana. [N. del T.]

3. Salmo 131.2.

4. Herbert Benson, *The Relaxation Response* (New York: William Marrow &
   Co., 1975).

CAPÍTULO 10

1. La ansiedad subyace a una cantidad de problemas sicológicos y en consecuencia han sido de mucho provecho tratarlos con la técnica *de exposición y
   anticipación de la reacción:* fobias, por ejemplo, y algunas clases de conductas obsesivas, compulsivas, ansiedad respecto al desempeño y temor a otras
   personas.

2. R. L. Solomon y L.C. Wynne, «*Traumatic Avoidance Learning: The Principles of Anxiety Conservation and Partial Irreversibility*», *Psychology Review,*
   61 (1954), pp. 353-385. Véase también R. L. Solomon, L. J. Kamin y L. C.
   Wynne, «*Traumatic Avoidance Learning: The Outcomes of Several Extinction
   Procedures With Dogs*», *Journal of Abnormal Social Psychology,* 48 (1953), pp.
   291-302.

3. Algunas personas no sólo se *preocupan* sino que se *obsesionan.* Si usted
   tiene pensamientos aterradores que son obviamente falsos pero que no

desaparecen, pueden tratarse de *obsesiones* y es posible que necesite ayuda profesional. Las técnicas conductistas y de meditación pueden ser eficientes para superar los pensamientos obsesivos.

4. Presentación resumida en la revista *Prevention*, marzo de 1990, pp. 16-18.

Capítulo 12

1. Esto se analiza en un notable pasaje, en 1 Juan 5.4-5ss.: «Todo lo que es nacido de Dios vence al mundo; y esta es la victoria que vence al mundo, nuestra fe. ¿Quién es el que vence al mundo, sino el que cree que Jesús es el Hijo de Dios?».

Capítulo 13

1. Compruebe esto en 1 Pedro 1.22-2.3; 1 Timoteo 2.13; Juan 17.20; Romanos 10.17.

2. Editorial Aguilar ha publicado una muy buena colección de los diálogos de Platón en español.

Capítulo 14

1. Véase Efesios 6.10-17; 2 Timoteo 4.7; Filipenses 1.30; 1 Timoteo 1.18.

2. David D. Burns, *«How to Relax in a Crowd»*, condensado de sus libros: *The Feeling Good Handbook* e *Intimate Connections* y publicado en «The Reader's Digest», enero 1991, pp. 137-140.

3. Aaron T. Beck y Gary Emery, con Ruth L. Greenberg, *Anxiety Disorders and Phobias*, (New York: Basic Books, 1985).

4. H. L. Weinberg, *Levels of Knowing and Existence* (Lakeville, Connecticut: Institute of General Semantics, 1973), p. 187. (Citado por Beck, Emery y Greenberg, *ibid*, p. 233).

Capítulo 15

1. El Dr. Wolpe cree que la desensibilización sistemática es efectiva gracias a un proceso diferente al que los sicólogos del aprendizaje llaman «extinción». Wolpe sostiene que la desensibilización sistemática funciona por lo que él denomina «inhibición recíproca»: es decir, vincular las escenas que despiertan ansiedad con una reacción que la inhibe, condicionando de esta forma los estímulos a una reacción nueva, que permiten alejarse de la

ansiedad. Los lectores interesados en el tema pueden encontrar el análisis que realiza Wolpe en *Life Without Fear*, de Joseph Wolpe y David Wolpe, (Oakland, California: New Harbinger Publications, 1988), pp. 120-121.

2. El método de exponer a la persona a las situaciones que más ansiedad generan y producir deliberadamente fuertes niveles de ansiedad hasta que esta disminuya, se llama «implosión». El método de exponerse a situaciones cotidianas generadoras de ansiedad se llama «desensibilización *en vivo*». Se trata de técnicas distintas, que no necesariamente han de combinarse.

3. Albert Ellis, «*Psychoneurosis and Anxiety Problems*» en *Cognition and Emotional Disturbance*, Grieger, Rusell & Grieger, Ingrid Zachary, eds. (New York: Human Science Press, 1982), p. 28.

Capítulo 16

1. Como en todos los relatos de este libro, los hechos son reales, pero a fin de conservar la confidencialidad, varias historias se han combinado y modificado los detalles identificables.

2. Aaron T. Beck y Gary Emery, con Ruth L. Greenber, *Anxiety Disorders and Phobias: A Cognitive Perspective* (New York: Basic Books, 1985).

3. Supongo que, a fin de mantener mi reputación de sicólogo un tanto obsesivo, debería hacer notar que en ciencia las palabras «ningún» y «nunca» deben ser reemplazados por «casi ningún» y «casi nunca». En teoría hay *alguna* probabilidad, aunque fuera pequeña, de que *cualquier* cosa concebible ocurra en algún sitio alguna vez. Pero en un sentido práctico, esos temores son infundados.

4. No estoy diciendo que *todos* deben abandonar la cafeína, sino sólo aquellos cuyo umbral de ansiedad es tan bajo, que un poquito es perjudicial. Las personas que sienten que viven al borde del pánico, como aquellas que han sido descritas en este capítulo, probablemente no debieran beber café ni otras bebidas que contengan cafeína. Y, por cierto, no deberían fumar.

5. Por ejemplo, *Exercise and Your Heart* (The American Heart Association, 1989, 1990), www.americanheart.org.

Capítulo 17

1. He aquí una lista de tales promesas. Repáselas si necesita fortalecer su confianza en que Dios promete responder a la oración: Isaías 65.24;

Salmos 10.17; Salmos 65.2; Mateo 7.7; Mateo 18.19-20; Mateo 21.22; Marcos 11.22-26; Juan 14.13-14; Juan 15.7; Juan 16.23-24; Filipenses 4.6; Santiago 1.5-8; Santiago 5.16; 1 Juan 3.22.

2. Norman P. Grubb, *Rees Howells: Intercessor* (Fort Washington, Pennsylvania: Cruzada de Literatura Cristiana, 1975).

3. Existen muchos libros en castellano que contienen numerosos relatos sorprendentes acerca de las oraciones contestadas. Pregunte en su librería cristiana favorita.

4. Para información de los lectores que se interesan en el diseño del experimento, el Dr. Byrd integró al azar un grupo de 192 sujetos bajo tratamiento y 201 sujetos en el grupo de control. No se encontraron diferencias entre ambos grupos al comienzo del tratamiento, pero la evaluación de los individuos del primer grupo mostró un grado significativamente menor en la afección durante su permanencia en el hospital ($p<.01$). Las multivariantes de análisis, que se practicaron, tomando como base los resultados variables ($p<.0001$), separaron ambos grupos. Los pacientes del grupo de control requirieron asistencia respiratoria, antibióticos y diuréticos, con más frecuencia, que los pacientes en el grupo de tratamiento. Por otro lado, como no es posible saber si había parientes o amigos que estuvieran orando por alguno de los pacientes en el grupo de control, podemos inferir que los resultados son menos espectaculares de lo que serían si hubiera absoluta seguridad de que nadie oraba por ese grupo.

5. Véase *The Door*, marzo-abril de 1990, pp. 17ss., donde se presenta una excelente información adicional acerca de la relación entre la satisfacción y la felicidad.

ACERCA DEL AUTOR

William Backus es sicólogo cristiano y pastor luterano ordenado. Es el fundador y director del Centro de Servicios Sicológicos Cristianos en St. Paul, Minnesota.

El Centro de Servicios Sicológicos Cristianos recibe numerosos pedidos de referencia de consejeros cristianos licenciados que usen terapia cognoscitiva con un enfoque cristiano, tal como se presenta en los libros del Dr. Backus. El Centro recibirá con gusto una breve síntesis de su experiencia en consejería, sus grados académicos, licencia profesional y compromiso con la fe cristiana en el ejercicio de su profesión. A partir de esa información, el centro le remitirá los pedidos de consulta en su área geográfica. Por favor incluya un número telefónico, con el código de área, su domicilio y el nombre de las obras sociales que atiende.

The Center for Christian Psychological Services
Roseville Professional Center #435
2233 N. Hamline
St. Paul, Minnesota 55113
Teléfono: (612) 633-5290

Todos nos hallamos en algún lugar del
taller del herrero.

ESTAMOS EN LA PILA DE TROZOS DE METAL,
O EN LAS MANOS DEL MAESTRO
SOBRE EL YUNQUE,
O EN LA CAJA DE HERRAMIENTAS.

Algunos hemos estado en los tres lugares.

En esta clásica colección de lecturas de inspiración, el autor de éxitos de librería Max Lucado nos lleva a visitar el taller del herrero. Veremos cada una de las herramientas y miraremos en cada rincón, desde los estantes hasta el banco de trabajo, y desde el agua hasta el fuego.

Para aquellos que emprendan el viaje, dejando la pila de metales a fin de entrar en el fuego y con coraje ubicarse sobre el yunque de Dios para que él trabaje sobre ellos, habrá un gran privilegio: el de ser llamados a convertirse en uno de los instrumentos que Dios escoge.

NOS VEMOS EN
EL TALLER DEL
HERRERO.

El primer libro de Max Lucado, *Sobre el yunque*, se publicó en 1985. Lucado es un hombre de Dios dotado de muchos dones que ha servido como ministro asociado en Miami y como misionero plantador de iglesias en Brasil. En la actualidad es el pastor general de la Oak Hill Church of Christ en San Antonio, Texas.

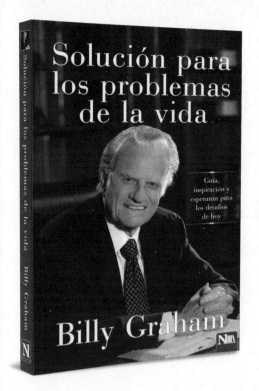

Es una selección de consejos prácticos que resuelven las inquietudes sinceras de los lectores de cualquier edad. Las respuestas de Billy Graham surgen de su profunda convicción de que la Biblia es la Palabra de Dios. El autor dice:

«¿Hay algún criterio del cual se pueda depender para dar buenos consejos, información precisa y respuestas a los interrogantes sobre nosotros mismos y sobre nuestra vida? Sí lo hay. Aunque las culturas difieren y los tiempos cambian, la Palabra de nuestro Dios permanece para siempre como una fuente inmutable de soluciones para todos los problemas de la vida.

Se clasifican las preguntas y respuestas de este libro en cinco categorías principales:

- *relaciones humanas*
- *inquietudes espirituales*
- *problemas psicológicos*
- *cuestiones éticas*
- *interrogantes bíblicos.*

El doctor **Billy Graham**, el evangelista más conocido del mundo, ha ganado el respeto y la confianza del público por su fidelidad a la Palabra de Dios. Sus mensajes y sus libros han llevado consuelo, paz y salvación a todos los rincones de la tierra.

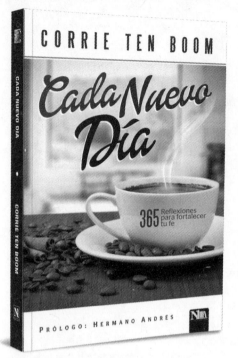

ESPERANZA Y FUERZAS PARA CADA DÍA

Corrie ten Boom fue una mujer notable, una mujer de gran fe. Contra viento y marea supo confiar en Dios y servirle siempre, incluso estando en un campo de concentración Nazi, y también a lo largo de los días y años posteriores. Sin embargo, una fe como la de esta mujer no es algo que se tenga porque sí. Es una fe que va creciendo día a día, cuando meditamos la Palabra de Dios con regularidad.

Tenemos aquí un año entero de textos que son un sincero recordatorio de varias cosas:

- La victoria del cristiano por sobre el pecado, Satanás, y la muerte
- Las maravillosas promesas de Dios y Su atento cuidado de nosotros
- El hecho de que el pasado, el presente y el futuro están en manos de Dios
- La forma en que cada nuevo día nos presenta la oportunidad de servir y amar a Dios un poco más

No hay muchas personas como Corrie ten Boom, que sepan con tanta claridad lo que es depender de Dios día tras día. Sus reflexiones, breves pero profundas, te ayudarán a encontrar esperanza, confianza y sabiduría, para lo que pueda haber por delante.

Corrie ten Boom (1892-1983) soportó diez meses en el campo de concentración de Ravensbruck, porque había ocultado judíos en la casa de su familia en Holanda. Cuando fue liberada a los cincuenta y dos años, Corrie recorrió el mundo dando charlas, y escribió más de diez libros. Entre ellos, dos éxitos de ventas: *El refugio secreto* y *La casa de mi Padre*.